politik. wirtschaft. gesellschaft.

Das Ringen um Frieden und Sicherheit

Themenhefte für die Sekundarstufe II

erarbeitet von Ingo Langhans und Stefan Prochnow

Ernst Klett Verlag
Stuttgart · Leipzig

Bildnachweis

Umschlag laif – agentur für photos & reportagen; **4.1** akg-images, Berlin / North Wind Picture Archives; **5.1** akg-images, Berlin / © Succession Picasso / VG Bild-Kunst, Bonn 2009; **8.1** Fotolia.com / Izakoas Sapiro; **9.1** dpa Infografik, Frankfurt; **9.2** www.kein-blut-fuer-oel.de; **10.1** dpa Infografik, Frankfurt; **11.1** dpa Infografik, Frankfurt; **12.1** Steffen Jähde; **12.2** Deutsche Welthungerhilfe e.V., Bonn; **14.1** service photographique de la Présidence de la République; **16.1** American Army; **16.2** Onuka, Masami / Japanese Army; **17.1** dpa Infografik, Frankfurt; **18.1** United States Federal Government; **22.1** Website des FBI, Florida; **23.1** Hessische Stiftung Friedens- und Konfliktforschung (HSFK), Frankfurt am Main; **23.2** Thomas Plassmann; **25.1** Humboldt-Universität zu Berlin; **26.1** USAID, Washington; **30.1** Iring Fetscher, Frankfurt; **31.1** © King Features Syndicate / Distr. Bulls; **32.1** Arbeitsgemeinschaft Jugend und Bildung e.V. (Hrsg.): Schülermagazin „Frieden & Sicherheit", Ausgabe 2009/2010, S. 16. Quelle: UNDP Human Development Report 2007/2008; **33.1** Fotolia.com / Umariletisim; **34.1** Photograph: PE Fotostudio – Courtesy of the ICJ; **34.2** Gabor Benedek; **36.1** dpa Infografik, Frankfurt; **36.2** Erich Schmidt Verlag, Berlin; **41.1** dpa Infografik, Frankfurt; **42.1** Erich Schmidt Verlag, Berlin; **44.1** Erich Schmidt Verlag, Berlin; **47.1** dpa Infografik, Frankfurt; **47.2** Bundesbildstelle; **51.1** Bundeswehr / Mediendatenbank, St. Augustin; **52.1** Wolfgang Rudzio: Die organisierte Demokratie. Parteien und Verbände in der Bundesrepublik. 2., bearbeitete Auflage, S. 160. © 1982 J. B. Metzlersche Verlagsbuchhandlung und Carl Ernst Poeschel Verlag GmbH in Stuttgart; **53.1** Wolfgang Rudzio, Das politische System der BRD, Opladen 2003, S. 142 f.; **54 a – e** CSU, CDU, SPD, BÜNDNIS 90 / Die Grünen, Die Linke; **57.1** © 2008 Bundeswehr / Stollberg; **61.1** © Deutscher Bundestag / Lichtblick / Achim Melde; **58.1 – 66.1** Erich Schmidt Verlag, Berlin; **68.1** Bundesrat

1. Auflage 1 5 4 3 2 1 | 13 12 11 10 09

Programmbereich Auer Schulbuch

Autoren: Ingo Langhans, Reinbek; Stefan Prochnow, Bruchköbel

Redaktion: Marion Fichtner, Hannover

Satz: krauß-verlagsservice, Augsburg
Druck: Kessler Druck + Medien GmbH, Bobingen

ISBN 978-3-12-006490-9

Printed in Germany
ISBN 978-3-12-006490-9 (Klett)
ISBN 978-3-403-06490-9 (Auer)

Inhalt

Die mit → gekennzeichneten Begriffe sind im Glossar beschrieben und erklärt.

1 Sicherheitspolitische Herausforderungen

Was ist Krieg? Gemäß einer Untersuchung der norwegischen Akademie der Wissenschaften fanden im Zeitraum von 3600 v. Chr. bis 1960 n. Chr. 14 513 Kriege statt. Dabei kamen schätzungsweise mehr als 3,5 Milliarden Menschen ums Leben. In den rund 5 600 Jahren war der Krieg weltweit betrachtet der Normalzustand – der Frieden blieb die Ausnahme. Nur 292 Jahre in dieser langen Zeit verblieben ohne nachweisbaren Krieg. Im 20. Jahrhundert waren nur wenige Tage im September 1945 ohne Krieg. Im Zeitraum nach 1960 bis heute (2010) gab es kein Jahr, in dem nicht irgendwo auf der Welt Krieg herrschte.

„Wer aber Frieden will, der rede vom Krieg." (Walter Benjamin, 1892–1940)

Abb. 4.1: Das englische Kriegsschiff „Vanguard" greift die spanische Armada an (1588)

M1 Konflikt und Krise

In der internationalen Politik spricht man von einem **Konflikt**, wenn unterschiedliche Interessen von nationaler Bedeutung aufeinandertreffen. Sind diese Interessengegensätze jedoch lediglich unterschwellig vorhanden, spricht man von einem **latenten Konflikt**. Ein **manifester Konflikt** beinhaltet den Einsatz von Mitteln, die im Vorfeld gewaltsamer Handlungen liegen. Dies umfasst beispielsweise verbalen Druck, die öffentliche Androhung von Gewalt oder das Verhängen von ökonomischen Sanktionen (Zwangsmaßnahmen) wie z. B. von einem → **Embargo.**

Eine **Krise** ist ein Spannungszustand, in dem mindestens eine der Konfliktparteien vereinzelt Gewalt anwendet. Wird Gewalt wiederholt und in organisierter Form eingesetzt, spricht man von einer **ernsten Krise.**

nach: Heidelberger Institut für internationale Konfliktforschung (Hrsg.): Konfliktbarometer 2006, Vorwort (www.konfliktbarometer.de)

M2 Krieg

Krieg ist die Anwendung physischer Gewalt durch Kampfverbände. Es lassen sich grob vier Typen von Kriegen unterscheiden: (1) Kriege zwischen Staaten (klassischer Krieg) wie beispielsweise der Erste Golfkrieg zwischen dem Iran und dem Irak in den 1980er Jahren; (2) Kriege zwischen verfeindeten nicht-staatlichen Akteuren innerhalb eines Staates wie beispielsweise der jahrelang anhaltende Krieg verschiedener religiöser Gruppen im Libanon; (3) Kriege zwischen einem Staat und einem nicht-staatlichen Akteur innerhalb des Staatsgebietes (Anti-Regime-Krieg und Terrorismus) wie zum Beispiel der Krieg der Sandinisten gegen die Somoza-Regierung in Nicaragua; (4) Kriege, die ein Staat gegen einen nicht-staatlichen Akteur auf einem fremden Staatsterritorium führt (Interventionen), wie z. B. der Krieg der Türkei gegen die Kurden im Irak.

Bernhard Zangl / Michael Zürn: Frieden und Krieg, Frankfurt am Main 2003, S. 28

Abb. 5.1: „Guernica" von Pablo Picasso

M3 Erscheinungsformen des Krieges – Begrifflichkeiten

→ Konventioneller Krieg
Ein unter Einsatz konventioneller militärischer Mittel, d.h. unter Ausschluss atomarer, biologischer oder chemischer Massenvernichtungswaffen ausgetragener Krieg.

→ Totaler Krieg
Ein totaler Krieg umfasst die Mobilisierung sämtlicher materieller, personeller und geistiger Ressourcen sowie ideologischen Potenziale einer Gesellschaft im Kampf mit einem zur existenziellen Bedrohung erklärten Gegner.

→ Kalter Krieg
Bezeichnung für den Konflikt zwischen den USA und dem Westen einerseits sowie der Sowjetunion und dem kommunistischen Osten andererseits nach dem Zweiten Weltkrieg. Es kam nicht zu direkten militärischen Auseinandersetzungen zwischen den Großmächten, aber zu Konflikten, Krisen und Stellvertreterkriegen.

→ Asymmetrischer Krieg
Die zwischen einem Staat und substaatlichen Gruppen, d.h. militärisch ungleichen Gegnern ausgetragene Auseinandersetzung, in der beide Seiten im Allgemeinen mit unterschiedlichen militärischen Mitteln und Strategien kämpfen.

→ Low Intensity Conflict (LIC), Low Intensity War (LIW)
Eine Form des asymmetrischen Krieges unterhalb der Schwelle offener und konventioneller militärischer Konfrontation. Eine Form des privatisierten Krieges, der von nicht-staatlichen Gruppen am Weiterschwelen gehalten wird, die von der Fortführung des Konflikts ökonomisch oder politisch zu profitieren glauben. Die Übergänge zum Terrorismus und zur organisierten Kriminalität sind fließend, die Trennung zwischen Kämpfenden und Zivilisten, zwischen Kriegszustand und Frieden kaum mehr möglich.

Dieter Nohlen (Hrsg.): Pipers Wörterbuch zur Politik, München 1992

A) Kriege hat es immer gegeben. Damit müssen wir auch in Zukunft leben. Ich glaube nicht, dass die Menschen einmal fähig sein werden, ihre Konflikte friedlich auszutragen.

B) Menschen können lernen, miteinander in Frieden zu leben. Das zeigt das Beispiel der Europäischen Union. In Mitteleuropa haben wir immerhin seit über einem halben Jahrhundert Frieden.

ARBEITSAUFTRÄGE

1. *Beschreiben Sie Bilddetails in Abb. 4.1 und 5.1! Welche Assoziationen stellen sich bei Ihnen bei der Bildbetrachtung ein?*
2. *Zu welchem Anlass könnten die Bilder gemalt worden sein? Wer waren die Auftraggeber?*
3. *Welche Botschaften wollen die Künstler mit den beiden Gemälden vermitteln? Mit welchen künstlerischen Mitteln versuchen sie ihre Intentionen umzusetzen?*
4. *Unterscheiden Sie Konflikt, Krise und Krieg!*
5. *Stimmen Sie eher der nebenstehenden Aussage A) oder B) zu?*

1.1 Ursachen für Konflikte und Kriege

Warum kämpfen Menschen gegeneinander? Die Suche nach den Ursachen führt zunächst einmal zu den Menschen selbst – zu ihrem Verhalten und Wesen. Gefühle wie Herrschsucht, Neid, Aggressivität, Intoleranz verleiten Menschen immer wieder dazu, ihre Interessen mit Gewalt durchzusetzen und andere Menschen anzugreifen oder gar zu töten. Das ist schon seit Jahrtausenden so und scheint sich nicht geändert zu haben. Allerdings sind sich Wissenschaftler nicht einig, ob die Bereitschaft zur Gewalt den Menschen angeboren ist oder ob sie erst im Laufe des Lebens erworben wird.

Ursachen für **Staatenkriege** können sein:

- **Territorialansprüche:** Die Beteiligten streiten sich um den genauen Verlauf von Grenzen.
- Konkurrenz um knappe **Rohstoffe**: Streitpunkt ist der Zugang zu wichtigen Rohstoffen wie z. B. Erdöl oder auch Wasser. Durch den Klimawandel oder die steigende Umweltverschmutzung können solche Konflikte künftig an Bedeutung gewinnen.
- **Herrschaftsansprüche:** Staaten kämpfen um die Vormachtstellung in einer bestimmten Region.
- **Innenpolitische Schwierigkeiten:** Ein Staat beginnt einen Krieg, um von seinen innenpolitischen Problemen, z. B. Arbeitslosigkeit, Armut, Korruption in der Regierung, abzulenken.
- **Anti-Terror-Kriege** richten sich gegen Staaten, die Terrorgruppen unterstützen.

Die meisten Kriege heute sind **Bürgerkriege.** Das heißt, es kämpfen verfeindete Gruppen innerhalb eines Staates gegeneinander. Die Ursachen für diese Konflikte sind vielfältig und häufig treffen mehrere Ursachen für einen Konflikt zusammen.

Wenn sich einzelne Gruppen benachteiligt fühlen, z. B. ein Volk in einem Vielvölkerstaat, kann dies zu einem Abspaltungskrieg (**Sezessionskrieg**) führen. Auch wenn in einem Staat immer wieder Menschenrechte oder andere rechtsstaatliche Grundsätze verletzt werden – z. B. wenn die Opposition unterdrückt wird, Menschen willkürlich verhaftet werden, die Pressefreiheit nicht gewährleistet ist – besteht die Gefahr, dass Regierungsgegner ihre Ansprüche gewaltsam durchsetzen. Demokratische Staaten, die sich zu einer rechtsstaatlichen Ordnung bekennen und die Menschenrechte gewährleisten, sind daher sehr viel weniger bürgerkriegsgefährdet. Bei vielen Bürgerkriegen spielen auch **Herrschaftsinteressen** eine Rolle. Herrschende Clans oder kriminelle Gruppen erhoffen sich von einem Sieg Macht und Reichtum. Wichtige Ursachen für Bürgerkriege sind oftmals soziale **Ungerechtigkeit** und **Armut.** Besonders betroffen sind Entwicklungsländer oder Staaten mit extrem großer sozialer Ungleichheit.

Die wirtschaftliche Entwicklung und die Beseitigung von Armut und Unterernährung zählen daher heute – neben dem Umweltschutz – zu den wichtigsten Elementen der Friedenssicherung (→ **erweiterter Sicherheitsbegriff**).

Abb. 6.1: Überblick über mögliche Kriegsursachen

M 1 Die Anarchie der Staatenwelt

Es gibt zwei Ordnungsprinzipien für politische Systeme: Hierarchie und Anarchie. Die einzelnen staatlich organisierten politischen Systeme sind zentralistisch und hierarchisch geordnet, insbesondere beim Gewaltmonopol; das internationale System dagegen ist dezentral und anarchisch geordnet: „National politics is the realm of authority, of administration, and of law. International politics is the realm of power, of struggle, and of accommodation. [...] Formally, each is the equal of all the others. None is entitled to command; none is required to obey." Anarchie bedeutet also in den internationalen Beziehungen das Fehlen einer übergeordneten Regelungs- und Sanktionsinstanz. Da niemand die Sicherheit der einzelnen Staaten garantieren kann, wird das Überleben zur Grundlage und Voraussetzung für die Realisierung aller weiteren Ziele. [...] Das Hauptproblem, das sich aus der Anarchie im internationalen System ergibt, ist das Risiko der Gewalt. Da immer einige Staaten zur Gewaltanwendung bereit sind, müssen sich alle anderen darauf einstellen, selbst gewaltbereit zu sein oder sich dem Willen ihrer mächtigeren Nachbarn zu unterwerfen.

Gert Krell: Weltbilder und Weltordnung, Baden-Baden 2009, S. 157 f., Zitate im Quellentext von Kenneth Waltz

Vokabelhilfen: realm = Bereich, Raum; accommodation = Anpassung.

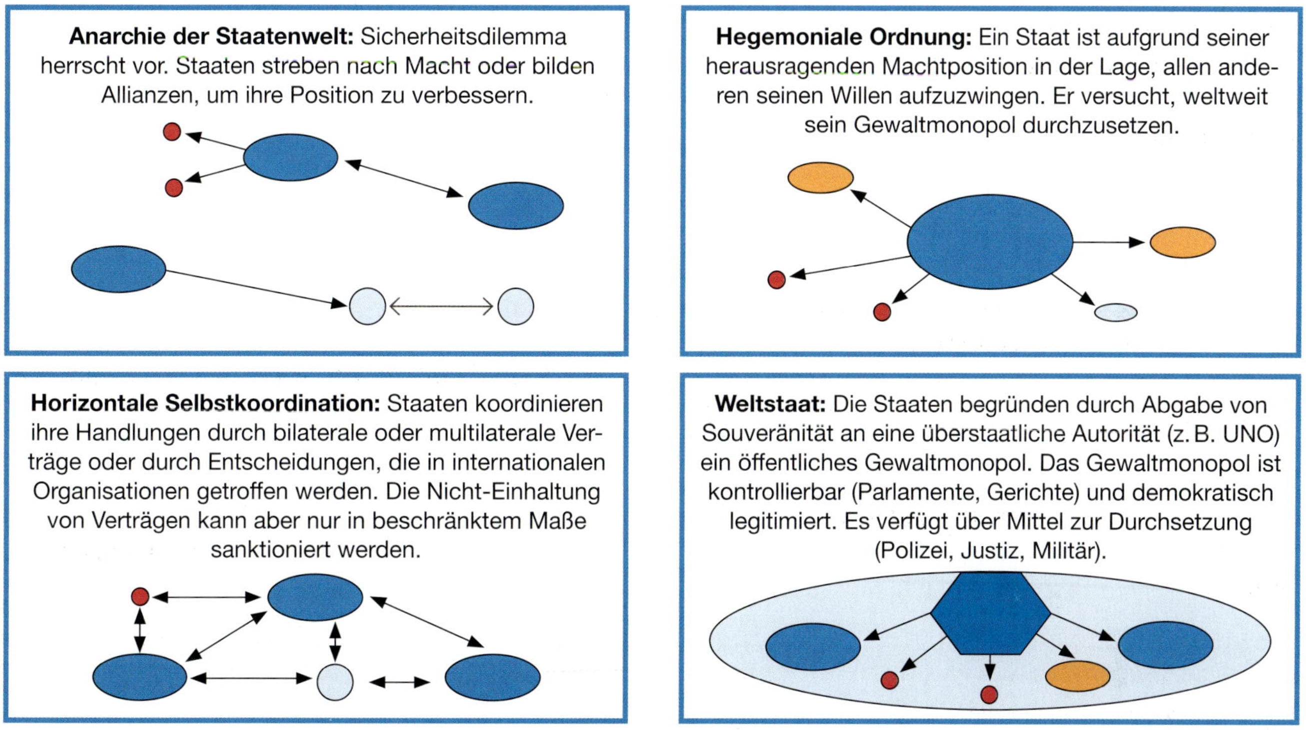

Abb. 7.1: Weltordnungsmodelle
In Anlehnung an Ingomar Hauchler / Dirk Messner / Franz Nuscheler (Hrsg.): Globale Trends 2000, Frankfurt am Main 1999, S. 381

M 2 Das Sicherheitsdilemma

Solange die Welt anarchisch strukturiert ist und auf weltpolitischer Ebene eine übergeordnete Instanz, eine Art Weltjustiz mit durchsetzungsfähiger Weltpolizei, fehlt, müssen alle Staaten um ihre Sicherheit fürchten. Sie sind nicht sicher vor Angriffen, Unterwerfung, Beherrschung oder Vernichtung durch andere Staaten. Die einzige Sicherheit vor solchen Angriffen scheint in der eigenen militärischen Stärke zu liegen (→ **Abschreckung**). In dem Streben nach Sicherheit vor solchen Angriffen sehen sie sich gezwungen, immer mehr Macht anzuhäufen, und sei es nur, um der Macht der anderen begegnen zu können. Dies wiederum macht die anderen unsicherer und zwingt sie, sich auf „das Schlimmste" vorzubereiten. Da sich in einer solchen Welt niemand je ganz sicher fühlen kann, ergibt sich ein Wettlauf um die Macht und der Teufelskreis von Sicherheitsbedürfnis, Machtanhäufung und Bedrohung schließt sich.

Gert Krell, a. a. O., S. 118

ARBEITSAUFTRÄGE

1. *Untersuchen Sie an einem aktuellen Krieg oder Konflikt, welche Ursachen ihm zugrunde liegen!*
2. *Warum sind Länder, die besonders von Armut betroffen sind, häufig auch Schauplatz von Krisen oder Kriegen?*
3. *„Entwicklungspolitik ist die Friedenspolitik des 21. Jahrhunderts" (Willy Brandt, Friedensnobelpreisträger und ehemaliger deutscher Bundeskanzler). Wie kann mit Entwicklungszusammenarbeit Frieden geschaffen bzw. Krieg verhindert werden? Diskutieren Sie!*
4. *Erläutern Sie anhand der Materialien M 1 und M 2 die beiden Grundprobleme der internationalen Politik!*
5. *Untersuchen Sie, ob und gegebenenfalls wie die in Abb. 7.1 beschriebenen Ordnungen geeignet sind, das in M 2 geschilderte Sicherheitsdilemma zu überwinden!*

1.2 Globale Friedensgefährdungen im 21. Jahrhundert

Frieden und Sicherheit sind im Spannungsfeld der Weltpolitik verschiedenen Gefahren ausgesetzt. Dazu zählen nicht nur die in Abschnitt 1.1 genannten möglichen Ursachen für Kriege oder Bürgerkriege, sondern weitere Faktoren:

- eine zunehmende Ressourcenverknappung bei bestimmten Rohstoffen, z. B. Erdöl (vgl. 1.2.1);
- eine sich verschärfende Ressourcenknappheit bei Nahrungsmitteln und Trinkwasser (vgl. 1.2.2);
- ökologische Risiken, die die Sicherheit und die Existenz der Menschheit gefährden, z. B. im Zuge des Klimawandels (Gefahr von Wirbelstürmen und Überschwemmungen, → **Desertifikation** usw.);
- aggressive Ideologien, Nationalismus und religiöser Fundamentalismus (vgl. 1.2.3);
- die Verbreitung von Massenvernichtungswaffen, insbesondere wenn diese in die Hände verantwortungsloser Staatsführer oder Terroristen gelangen (vgl. 1.2.4 Proliferation);
- Gefahren durch den internationalen Terrorismus (vgl. 1.2.5);
- soziale Konflikte, die sich aus der Überbevölkerung der Erde, aus Armut, eklatanten Entwicklungs- und Einkommensunterschieden sowie unkontrollierten Migrationsbewegungen ergeben können;
- politische Konflikte, ausgelöst durch Hegemonialstreben oder Missachtung von Menschenrechten in → **Diktaturen**;
- ethnische sowie nationale Auseinandersetzungen vor allem dort, wo das Selbstbestimmungsrecht der Völker noch zu keinen demokratischen und rechtsstaatlichen Lösungen geführt hat;
- das Phänomen des Staatsversagens oder des Staatszerfalls (failed states = gescheiterte Staaten) in manchen Ländern der Dritten Welt, vor allem in Afrika; zum Friedensrisiko werden schwache Staaten, die ihr Gewaltmonopol nicht durchsetzen können und in denen unkontrollierte Gruppen (Rebellengruppen, Terroristen, Banden der organisierten Kriminalität) das staatliche Machtvakuum ausfüllen;
- die zunehmende Vernetzung der Welt im Zuge der Globalisierung, die neben möglichen friedensstabilisierenden Effekten auch Gefahren mit sich bringt (z. B. in Form des → **Cyberterrorismus**).

Eine besondere Gefahr liegt in der Kombination verschiedener Gefährdungen. Was geschieht, wenn Terroristen an nukleare Massenvernichtungswaffen gelangen? Welche Reaktionsmöglichkeiten bleiben, wenn sich Terroristen in Ländern, in denen die staatliche Ordnung zusammengebrochen ist, einnisten und mit örtlichen Kriegsherren oder der organisierten Kriminalität Zweckbündnisse eingehen?

Abb. 8.1: Desertifikation: Vorrücken der Wüsten, hier in bewohntes Gebiet

1.2.1 Ressourcenknappheit und Verteilungskämpfe am Beispiel Energie

Knapper und teurer werdende Ressourcen könnten zu den großen sicherheitspolitischen Herausforderungen der Zukunft gehören. Obwohl sich die westlichen Industrienationen als abhängige Verbraucherstaaten seit der → **Ölkrise** 1973 um die Nutzung alternativer Energien bemühen, bleibt das „schwarze Gold" des Nahen und Mittleren Ostens auch im 21. Jahrhundert von erheblicher sicherheitspolitischer Bedeutung.

Mehr als zwei Drittel der weltweit erkundeten Erdölvorkommen befinden sich auf dem Gebiet der **Golfstaaten** Saudi-Arabien, Irak, Vereinigte Arabische Emirate, Kuwait und Iran. Damit ist diese Region für den Westen und insbesondere für die USA, aber zunehmend auch für die aufstrebenden Schwellenländer China und Indien, von erheblichem strategischem Interesse. Durch **Interessenkonflikte** zwischen den Förderländern und den Verbraucherstaaten sowie durch **politische Instabilität** wird die Region um den Persischen Golf wohl auch in Zukunft eine internationale Konfliktzone bleiben. Ähnliches zeichnet sich für das Gebiet um das **Kaspische Meer** ab, wo nach jüngsten Erkenntnissen weit mehr Erdölreserven ruhen, als bisher angenommen. Hinzu kommt hier der Konflikt der Anrainerstaaten um die Aufteilung der Reserven im Meeresboden.

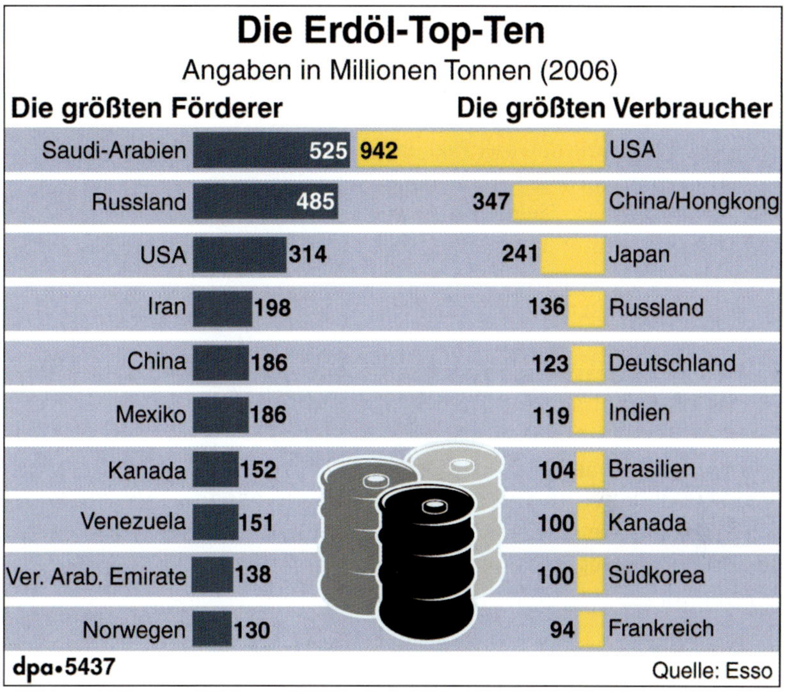

Abb. 9.1: Die größten Erdöl-Förder- und Verbraucherländer 2006

Besonders der Außen- und Sicherheitspolitik der **USA** wird häufig vorgeworfen, in erster Linie im Dienste der **Rohstoffinteressen** zu stehen. Die Vorwürfe kulminieren in der Behauptung, dass die USA sogar Kriege allein wegen des Öls führe. So lautete einer der häufigsten Slogans auf Protestplakaten von Demonstrantinnen und Demonstranten in Deutschland gegen die Irakkriege 1991 und 2003: **„Kein Blut für Öl!"** Die folgenden Materialien sollen auch dazu dienen, der Frage nachzugehen, inwieweit diese Behauptung eine Grundlage hat.

M1 Es geht um das schwarze Gold

Erstes Faktum ist: Die Rate der Erschöpfung bekannter Erdölfelder liegt seit den 90er Jahren höher als die Rate der neu gefundenen und erschlossenen Felder. Die Ausbeutung beträgt derzeit zirka 22 Milliarden Barrel pro Jahr, es werden aber nur im Durchschnitt 6 Milliarden Barrel pro Jahr neu gefunden. Der Höhepunkt der globalen Ölproduktion ist also überschritten; die schönen Zeiten, in denen die Funde neuer Lagerstätten größer waren als die Ausbeute, sind vorüber. [...]

Zweites Faktum: Der Krieg gegen das → **Taliban-Regime** in Afghanistan bot den USA die Gelegenheit, militärisch auch in den zentralasiatischen Ländern Fuß zu fassen, nahe an den neuen Ölquellen und in jenen Ländern, durch die die Pipelines verlaufen werden, wenn sie denn erst gebaut sind. [...] Es geht um geopolitische Herrschaft über die bekannten Reserven und um Zugang zu vermuteten Ölfeldern; und es geht um die Fähigkeit, den Ölpreis zu beeinflussen und die Währung, in der er fakturiert [berechnet] wird. Der Markt der Geoökonomie und die politische und militärische Macht wirken zusammen [...] Der Irak ist deshalb für die Geopolitiker in Washington interessant, weil er erstens über elf Prozent der globalen Reserven, noch dazu von hoher Qualität, verfügt und weil er zweitens den geopolitischen Raum Zentralasiens und des Nahen und Mittleren Ostens verbindet. Die geopolitische Herrschaft über die alten und neu hinzukommenden Reserven macht freilich nur Sinn, wenn auch die geoökonomische Preisbildung kontrolliert werden kann. Zunächst kann die → **OPEC** vergessen werden, wenn das größte Öl-Verbrauchsland, die USA, am Preishebel sitzt und nicht mehr die Förderländer und ihr Kartell. [...] Die Kontrolle eines großen Teils des Angebots auf den globalen Ölmärkten durch die USA würde [...] dafür sorgen, dass die Ölrechnungen auch in Zukunft in US-Dollar ausgestellt werden. Das ist möglicherweise ein entscheidendes Motiv für die brutale Konsequenz, mit der der Irak unter US-Einfluss gebracht werden soll. [...]

Elmar Altvater: Vortrag auf der Friedenspolitischen Konferenz der Gewerkschaft ver.di in Potsdam am 10./11. März 2003

M2 Die Mär vom Ölkrieg

Der Charme der Ölkrieg-Theorie besteht darin, dass sie so einleuchtend wirkt. Denn niemand will sich mit der Behauptung lächerlich machen, Öl sei bei einem Krieg inmitten von Ölfeldern bedeutungslos. [...]

Das Problem ist bloß, dass diese verschwörerische Lesart die große Wende der amerikanischen Politik nach dem 11. September ignoriert. Zuvor hatte ein ebenso stiller wie dubioser Pakt das Verhältnis zum wichtigsten Lieferanten am Golf regiert: Die Saudis pumpen Öl zu moderaten Preisen und die Amerikaner stützen dafür die korrupte Prinzengarde. Dieser Deal ist mit den Türmen des World Trade Center zusammengebrochen. Stattdessen wächst die Einsicht, dass die traditionelle Nahost-Politik in der Sackgasse steckt. Politiker aller Couleur glauben jetzt, dass Terror gebiert, wer im Nahen Osten doppelzüngig Demokratie predigt und Autokratie fördert. So ist das gewaltige Missionsprojekt der Demokratisierung Arabiens entstanden. [...]

Die Ent-Saddamisierung des Irak ist Teil dieses Projekts. Es wird aus der Angst geboren und nicht aus der Gier – aus der Asche der Wolkenkratzer, nicht aus Bauzeichnungen für Bohrtürme. Zum Gemeingut gehört in Washington die Befürchtung, beim nächsten Anschlag würde es nicht bei zwei Bürotürmen bleiben. Fast sicher wären dann Massenvernichtungswaffen im Spiel. Deshalb hat Amerika die Jagd auf Diktatoren mit solchen Waffen eröffnet. Deshalb wird der Abwehrkampf zu einer Präventionspolitik, der jedes Mittel recht zu sein scheint. Deshalb ist es George W. Bush auch letztlich egal, ob Saddam für den 11. September mitverantwortlich ist oder nicht. [...] Amerika zusätzlich sinistere Motive zu unterstellen, führt in die Irre. Die schrillsten Kritiker wollen Amerika zugleich Materialismus (Öl!) und Moralismus (Achse des Bösen!) vorwerfen. Beides geht aber schon logisch nicht zusammen. [...]

Mit den Planungen für den Irak-Krieg wurde genau sechs Tage nach den Anschlägen von New York und Washington begonnen. Glaubt jemand ernsthaft, dass damals ein Rohstoff-Krieg in Aussicht genommen wurde? [...] Leider ist der Öl-Vorwurf gegen Fakten weitgehend resistent. Er gehört zum Grundbestand transatlantischer Vorurteile. [...]

Thomas Kleine-Brockhoff: Die Mär vom Ölkrieg. Falsche Argumente gegen einen gefahrvollen Waffengang, in: Die Zeit 5/2003

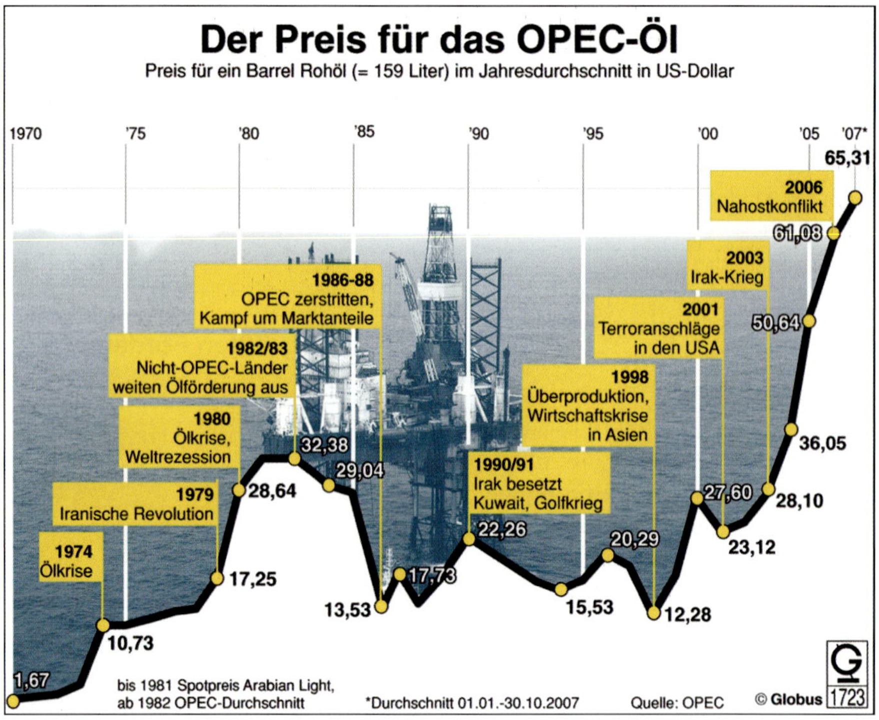

Abb. 10.1: Entwicklung des Ölpreises 1970–2007

M3 Energiestrategisches Denken der USA

Ein neuer Kampf der Mächte hat den Kalten Krieg abgelöst – der Kampf um Energie. Ob in Washington, Moskau, Peking oder Brüssel – jeder weiß: Wer in der Welt Macht behalten oder bekommen will, braucht den gesicherten Zugang zu Energiequellen. Hierbei geht es um Bohrlizenzen, die Kontrolle über Pipelines und das Finden neuer Bündnispartner in den Förderregionen. [...] Die Spitzenreiter im Energieverbrauch, die USA, stehen vor einem gigantischen Dilemma: Über die Hälfte ihres Ölbedarfs müssen die USA einführen. Versorgungsengpässe, etwa am Persischen Golf, hätten damit dramatische Folgen für die US-Wirtschaft. Seit Ende der 1970er Jahre ist die Energieversorgungssicherheit erklärtes Ziel der US-Außenpolitik. Massive Versorgungsengpässe hätten den Einsatz der US-Streitkräfte zur Folge. Die geopolitische Strategie liegt darin,

(1) Importstörungen durch eine Stabilisierung des internationalen Umfelds zu vermeiden,

(2) den Kreis der Lieferländer zu erweitern, um Abhängigkeiten zu verringern, und

(3) die Transportwege des Öls (Tankerrouten und Pipelines) abzusichern. Priorität genießt hierbei die Gewährleistung der Sicherheit in der Golfregion, die maßgeblich die Höhe des Ölpreises beeinflusst. Die USA sind mit mehreren militärischen Stützpunkten in der Region präsent.

Nach dem 11. September 2001 beschloss Washington, die Abhängigkeit von arabischem Öl zu reduzieren. In den Blickpunkt gerieten die Ölvorkommen in Zentralasien; in Konkurrenz mit Russland, China und Europa gelang es den USA, energiestrategisch wichtige Staaten wie Usbekistan, Tadschikistan und Georgien an sich zu binden.

Kinan Jaeger / Silke Wiesneth: Energiesicherheit für Europa. Geopolitische Implikationen, in: Der Mittler-Brief 3/2007, E. S. Mittler & Sohn GmbH, Hamburg, S. 1–3

M 4 Europäische und deutsche Interessen in der auswärtigen Energiepolitik

Seit der Jahrtausendwende ist Russland der entscheidende Energielieferant Europas, besonders für Deutschland, das mehr als 30 Prozent seines Erdöls und Erdgases von dort bezieht. Unbehagen verbreitet dabei die Tatsache, dass die russische Führung offenbar nicht davor zurückschreckt, ihre Energieexporte als außenpolitisches Druckmittel zu verwenden. Dazu ist der Kreml offensichtlich bemüht, die gesamte Energiewirtschaft des Landes zu verstaatlichen und zentral zu kontrollieren. Zweifellos besteht die Abhängigkeit auf beiden Seiten, denn aus den Energieexporten nach Europa stammt mehr als ein Drittel der russischen Handelseinnahmen. In der EU ist Russland der größte Schuldner. Bemerkenswert ist der Versuch Moskaus, China als Rohstoffkunden zu gewinnen, denn dadurch sänke die Abhängigkeit von den Öl- und Gaskunden im Westen. Dies wiederum muss Europa Kopfschmerzen bereiten. Dazu trägt auch der russische Versuch bei, benachbarte Konkurrenten wie Usbekistan, Kasachstan oder Turkmenistan zu einer „eurasischen Gasunion" zu bewegen, die gegenüber der EU das Gasangebot nahezu monopolisiert hätte und zudem komplett auf russische Pipelines angewiesen wäre. Die EU umgarnt nun die rohstoffreichen zentralasiatischen Länder mit Fördergeldern und Exklusivverträgen. Dabei fällt auch die Kritik an Menschenrechtsverletzungen und demokratischen Defiziten in der Region betont zurückhaltend aus. Ein wichtiger Ansatz zur Eindämmung der marktbeherrschenden Stellung Russlands liegt im Ausbau alternativer Pipelines, die russisches Territorium umgehen. Ein gutes Beispiel für den geopolitischen Einfluss auf den Pipelinebau bietet die Baku-Tiflis-Ceyhan-Pipeline (BTC). Bei ihrer Umsetzung kamen die Interessen der Europäer und der USA deutlich zum Tragen: Sie umgeht sowohl russisches als auch iranisches Gebiet, obwohl dadurch erhebliche Umwege zum offenen Meer hin in Kauf genommen werden müssen und erdbebengefährdete Regionen durchkreuzt werden. Ähnliche Projekte für Gaspipelines (Nabucco-Pipeline) versucht Russland gerade zu verhindern, indem es einzelnen europäischen Transitländern Sonderpreise für russisches Gas verspricht, wenn sie Nabucco verhindern. Deutschland wiederum versucht, mit direkten Gasleitungen nach Russland (Ostseepipeline) den Einfluss von Transitländern zurückzudrängen, verstärkt dadurch aber auch seine Abhängigkeit von Russland.

Kinan Jaeger / Silke Wiesneth: Energiesicherheit für Europa. Geopolitische Implikationen, in: Der Mittler-Brief 3/2007, E. S. Mittler & Sohn GmbH, Hamburg, S. 1–3

Abb. 11.1: Deutschlands Öl-Lieferanten

Rohstoff	Hauptsächliche Verwendung	Importanteil in %
Aluminium	Flugzeugbau, Fahrzeugbau, Verpackungen	100
Asbest	Bremsen	100
Baumwolle	Textilien	100
Chrom	Edelstahl, Armaturen	100
Kobalt	Computer	100
Mangan	Stahlveredelung	100
Molybdän	Stahlveredelung	100
Nickel	Stahlveredelung	100
Phosphat	Düngemittel	100
Quecksilber	Chemie, Elektroindustrie	100
Titan	Flugzeugbau	100
Vanadium	Stahlveredelung	100
Wolfram	Elektroindustrie	100
Zinn	Blech	100
Kupfer	Kabel, Elektroindustrie	99
Eisenerz	Stahl	98
Silber	Fotochemie	98
Erdöl	Energie, Chemie, Kraftstoffe	96
Blei	Batterien	92
Zink	Draht, Blech	71
Erdgas	Energie, Heizung	63

Abb. 11.2: Importabhängigkeit Deutschlands bei ausgewählten Rohstoffen (nach Zahlen des Statistischen Bundesamtes von 2007)

ARBEITSAUFTRÄGE

1. *Erläutern Sie, welche Bedeutung der Rohstoffversorgung in der Außenpolitik der USA bzw. Deutschlands zukommt!*
2. *Diskutieren Sie die Vor- und Nachteile folgender Optionen für die deutsche Außen- und Energiepolitik:*
   a) Ausbau der Importe von Energierohstoffen aus Russland
   b) massiver Ausbau der Nutzung erneuerbarer Energien (Wasser-, Wind-, Solarenergie, evtl. Kernenergie)
   c) Erhöhung der Rohstoffimporte aus dem arabischen Raum sowie aus anderen islamischen Staaten (Zentralasien, Iran)

1.2.2 Ressourcenkonflikte am Beispiel Wasser

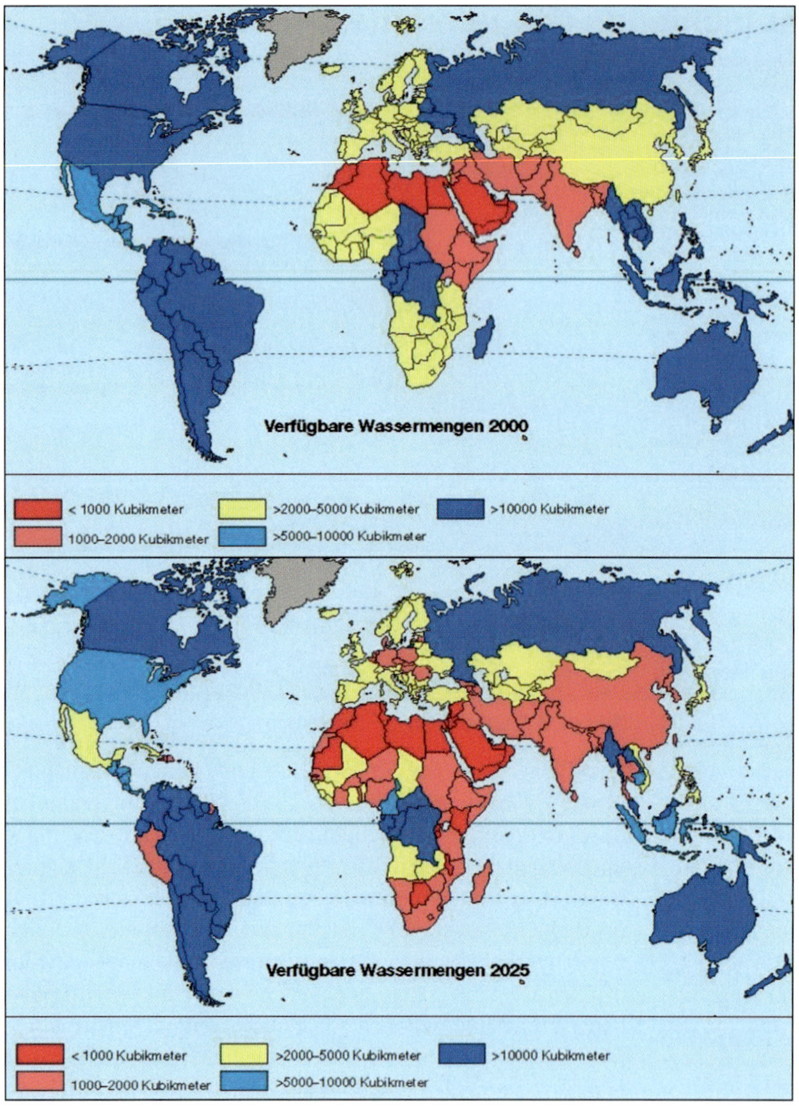

Abb. 12.2: Zugang zum Trinkwasser

Abb. 12.1: „Schöne Aussichten!"

Es mag paradox klingen, dass auf unserem „Blauen Planeten" ausgerechnet Wasser knapp sein soll. Man muss sich jedoch vor Augen führen, dass nur 2,5 % des Wassers auf der Erde Süßwasser sind, und davon nur lediglich 30 % als sauberes Grundwasser sowie 1 % als erneuerbares Frischwasser aus Gewässern für die Trinkwassergewinnung in Frage kommen. Weil in Zukunft immer mehr Staaten der Welt von akuter Wasserknappheit bedroht sind, besteht die Gefahr von **Verteilungskämpfen**, sollten politische Lösungen ausbleiben. Zu einer Eskalation derartiger Auseinandersetzungen kann es vor allem dann kommen, wenn Staaten betroffen sind, zwischen denen bereits andere Konflikte bestehen, wie z. B. im Nahen und Mittleren Osten. Hauptursachen für die erwartete dramatische Verschärfung des Wasserproblems sind das **Wachstum der Weltbevölkerung**, die **Verschmutzung** der vorhandenen Trinkwasserreserven und vermutlich auch regionale Veränderungen der Niederschlagsmengen infolge des globalen Klimawandels.

Konfliktstoff Wasser: Das Südostanatolien-Projekt

M1 Die Türkei am „Wasserhahn"

Der leitende Beamte im türkischen Außenministerium wehrt die Frage empört ab. Das „Südostanatolien-Projekt" diene keinesfalls dazu, andere Staaten zu erpressen, sagt Alev Kilic. Das Ziel sei einzig und allein, die Stromversorgung der Türkei zu sichern, die unterentwickelte Region in Anatolien voranzubringen und durch Bewässerung mehr nutzbaren Ackerboden zu gewinnen. „Syrien und Irak im Unterlauf von Tigris und Euphrat bekommen noch genügend Wasser", sagt er. Das „Südostanatolien-Projekt", nach der türkischen Bezeichnung GAP abgekürzt, ist ein gigantisches Vorhaben. Zwei große Flüsse haben ihre Quellen in der Türkei, und zwar in dem vorwiegend von Kurden bewohnten Landesteil. Der Euphrat wird auf türkischem Gebiet mittlerweile durch sechs Talsperren kontrolliert, bevor er weiter durch Syrien nach Irak fließt. Drei Staudämme zähmen den Tigris vor der Grenze zu Irak. Weitere Projekte sind bis 2010 in Bau oder geplant. Kraftwerke sollen 40 Prozent des wachsenden Strombedarfs der Türkei decken, Wasser aus den Talsperren soll rund 1,7 Millionen Hektar trockenen Bodens in fruchtbares Ackerland verwandeln. Die Dämme und Stauseen aber machen die Türkei zur Herrin des Wassers.

Denn das GAP diene nicht nur als Instrument, um den ärmsten und rückständigsten Teil der Türkei zu entwickeln, meinen Kritiker des Vorhabens. Es sei für die Türkei auch ein „Wasserhahn", mit dem die Zufuhr nach Syrien und Irak bestimmt werden kann. [...]

Dass es technisch möglich ist, Wasser als politisches Druckmittel einzusetzen, hat die Türkei bereits demonstriert. Nachdem am 15. Januar 1990 der Atatürk-Damm eingeweiht worden war, füllte der Euphrat den Stausee auf. Drei Monate lang war der Abfluss fast vollständig unterbrochen. 1991 und 1993 stoppte Ankara das Euphratwasser angeblich auf Grund „technischer Mängel" - was den Verdacht nährte, Syrien sollte wegen seiner Unterstützung für die auf türkischem Gebiet agierende kurdische Guerilla-Bewegung PKK verwarnt werden. Im September 2000 schließlich halbierte die Türkei den Abfluss des Euphrat wegen Trockenheit. Doch auch in „normalen" Zeiten kommt bereits weit weniger Wasser in Syrien und Irak an, als beide Länder haben wollen. Ob am grünlich-schimmernden Tigris oder dem braun-grauen Euphrat - immer mehr Wasser wird auf Felder geleitet oder verdunstet in den riesigen Speichern oder Talsperren. Am Euphrat fließen daher heute statt wie einst durchschnittlich 950 nur noch 500 Kubikmeter pro Sekunde ins Nachbarland ab. Und obwohl die Talsperren am türkischen Tigris vorwiegend der Energiegewinnung dienen sollen, wird sich auch dort der Abfluss in normalen Zeiten um zehn Prozent reduzieren. [...] Bilaterale oder trilaterale Verträge über eine einvernehmliche Nutzung existieren nicht. Es gibt lediglich behelfsmäßige Abmachungen zwischen der Türkei und Syrien sowie Syrien und Irak. Die UN-Konvention über die Nutzung internationaler Wasserläufe von 1997 aber hat neben Burundi und China nur die Türkei nicht unterschrieben.

Martina Doehrin in: Berliner Zeitung, 30. September 2002, S. 11

Abb. 13.1: Luftbild des Atatürk-Stausees

M2 Die Position der Türkei

Süleyman Demirel, 1992 als türkischer Ministerpräsident: „Wir haben das Recht, mit unserem Wasser zu tun oder zu lassen, was uns beliebt. Der Schnee, der auf unsere Berge fällt, gehört nicht den Arabern. Dieses Wasser ist unser Wasser. Das Öl gehört dem, der Öl hat, und das Wasser gehört dem, der Wasser hat."

M3 Die Position Syriens

Für Syrien, nur auf wenigen Kilometern Anlieger des Tigris, ist der Euphrat die zentrale Lebensader. Dessen Wasser wird aber zu fast 99 Prozent von der Türkei kontrolliert, nur zwei kleine Nebenflüsse fließen ihm in Syrien zu. Zwar existiert eine Erklärung der Türkei aus dem Jahre 1987, in der eine ständige Abgabe von 500 (vor dem Dammbau: 850) Kubikmetern Euphratwasser zugesagt wird. Aber zeitweise kürzt die Türkei wegen „Regenmangels" oder aus „technischen Gründen" den Zufluss.

Der syrische Assad-Stausee soll garantieren, dass kurzfristige Wasserkürzungen für Syrien ohne schwere Auswirkungen bleiben - und Großprojekte mit künstlicher Bewässerung im Euphrat-Tal ermöglichen. Allerdings ist auch die Wasserqualität des Euphrat wichtig: Der reichliche Gebrauch von Dünger und Pestiziden auf den türkischen Baumwollplantagen verschmutzt den Fluss und verringert den Nutzen für die Syrer. Da die Konfliktpartner kaum miteinander sprechen, versuchte Syrien, über befreundete arabische Staaten internationalen Druck auf die Türkei auszuüben und unterstützte kurdische Organisationen, die den türkischen Staat bekämpfen.

M4 Die Position des Irak

Der Irak fordert von den anderen Anliegern 60 Prozent des Euphratwassers als sein in den letzten 5000 Jahren „wohlerworbenes Recht". Er nutzt jedoch oft noch alte Bewässerungssysteme, was ihm vonseiten der Türkei den Vorwurf der Verschwendung eintrug.

Versalzung droht von zwei Seiten: Intensiver Wassergebrauch der Türkei und Syriens erhöht den Salzgehalt des Euphratwassers; andererseits fördert eine verringerte Wasserführung des Schatt el Arab, zu dem sich Euphrat und Tigris vereinigen, im Mündungsbereich das Eindringen des Meerwassers ins Flusssystem und die angrenzenden Böden. 65 Prozent des Bodens sind heute schon von Versalzung betroffen.

Früher konnte der Irak als reicher, gut gerüsteter Ölförderstaat seine Wasserinteressen wirksam durchsetzen: Als Syrien 1975 beim Auffüllen des Assad-Stausees zu viel Wasser zurückhielt, zog der Irak an seiner Nordwestgrenze Truppen zusammen; Syrien und auch die Türkei waren gezwungen, die Abflussmenge wieder zu erhöhen. Unter Saddam Hussein erklärte der Irak: „Wir lassen uns das Wasser nicht abgraben. Notfalls führen wir darum Krieg." Nach mehreren Kriegen und der derzeit angespannten Sicherheitslage ist der Irak gegenwärtig wirtschaftlich am Boden.

M2, M3, M4: Landeszentrale für Politische Bildung Baden-Württemberg (Hrsg.): Wasser, in: Politik und Unterricht 2/2002, S. 55 f.

ARBEITSAUFTRÄGE

1. *Entwickeln Sie eine Mindmap zu allen Aspekten des Themas Wasser in der internationalen Politik!*
2. *Simulieren Sie eine Konferenz der Konfliktparteien Türkei, Syrien und Irak sowie der UN als Vermittler zum Wasserkonflikt! Formulieren Sie die Wassersituation in „Ihrem" Land! Welche Probleme müssen aus Ihrer Sicht verbindlich geregelt werden? Wie können Sie Ihre Interessen glaubhaft begründen? Versuchen Sie eine Lösung in Form eines schriftlichen Vertrages zu finden!*
3. *Informieren Sie sich mithilfe des Internets über das „Übereinkommen zur nicht-schifffahrtlichen Nutzung von grenzüberschreitenden Wasserläufen" der Vereinten Nationen!*

1.2.3 Nationalismus und Fundamentalismus

Nationalismus

Abb. 14.1: François Mitterand (1916–1996), französischer Staatspräsident

„Der Nationalismus bedeutet Krieg. Krieg, das ist nicht nur Vergangenheit. Er kann auch unsere Zukunft sein." Mit diesen Worten aus seiner Abschiedsrede vor dem Europäischen Parlament in Straßburg wollte Mitterand die Weltöffentlichkeit auf die Wiedergeburt des Nationalismus aufmerksam machen. Der Nationalismus droht nach dem Ende des Kalten Krieges die Welt wieder mit Konflikten und Kriegen zu überziehen und Millionen von Menschen ins Unglück zu stürzen. An die Stelle ökonomischer und ideologischer Auseinandersetzungen scheinen „ethnische" und vielfach auch religiöse Gegensätze getreten zu sein. Um das eigene Selbstwertgefühl zu stärken, Leidenschaften freizusetzen und Einsatz für die Nation zu fördern, werden Mythen der Vergangenheit beschworen und heroische Ereignisse von vor Jahrzehnten oder Jahrhunderten instrumentalisiert und manipulativ eingesetzt. Charismatische Demagogen bedienen sich dieser Mittel oder werden durch derartige Gruppengefühle nach oben getragen.

Nach dem Zusammenbruch des Kommunismus und dem anschließenden schwierigen Übergang zur Marktwirtschaft erwachte der Nationalismus vor allem in Osteuropa. „Wo ein altes Regime zerfällt, wo überkommene soziale Beziehungen abbröckeln, wo also tiefe Unsicherheit aufkommt, bleibt die Zugehörigkeit zur gemeinsamen Sprache und Kultur das Einzige, an das man sich noch halten kann, der letzte über jeden Zweifel erhabene Wert", so ein tschechischer Historiker. Doch problematisch ist dieser Anspruch in Vielvölkerstaaten, umso mehr, als in manchen von ihnen längst ethnisch gemischte Siedlungen entstanden waren. Derzeit zählt die Welt knapp 200 Staaten, es gibt aber mehr als 3000 ethnische Gruppen: Kann jede ethnische Gruppe auf ihr Selbstbestimmungsrecht pochen und ihren eigenen Staat fordern? Und wie geht man mit Minderheiten in ethnisch gemischten Regionen um?

M1 Nationalismus, Chauvinismus und Patriotismus

Nationalismus bezeichnet eine politische Ideologie, die auf der Übereinstimmung zwischen einer (meist ethnisch definierten) Nation und einem Staat abzielt: Möglichst alle Angehörige einer Nation (eines Volkes) sollten in ihrem „eigenen" Staat leben und möglichst keine Angehörigen anderer Nationen. In der Umgangssprache wird unter Nationalismus oft eine Überhöhung der eigenen Nation (Chauvinismus) verstanden. Als Patriotismus (Vaterlandsliebe) bezeichnet man ein oft romantisiertes und emotionalisiertes Eintreten für die Werte und Symbole eines Landes, ohne jedoch dabei andere Nationen abzuwerten. In der Realität sind die Übergänge zwischen den verschiedenen Ausprägungen des Nationalismus freilich fließend.

Kennzeichnend für nationalistisches Denken ist, dass Völker (Ethnien) Staaten und nicht Staaten Völker konstruieren. In Vielvölkerstaaten entstehen dadurch Loyalitätskonflikte; in vielen afrikanischen Staaten, deren Grenzen auf dem Reißbrett europäischer Kolonialmächte entstanden sind, wird versucht, die starke Dominanz der Bindung an die Ethnie (Tribalismus, → **Sezessionsbestrebungen**) durch die künstliche Bildung einer Nation (nation building) zu überwinden. Dabei wird auf Kosten der ethnischen, kulturellen und religiösen Vielfalt ein homogener Staatsbürger geschaffen.

Nationalismus dient der kollektiven Identitätsstiftung. Nicht Stand, Konfession oder soziale Herkunft bildet den Rahmen, sondern die Zugehörigkeit zu einer Nation. Identitätsstiftend wirken auch die kollektiven Erlebnisse oder Überlieferungen einer Nation („Schicksalsgemeinschaft"), eine gemeinsame Sprache, die Unterstellung eines einheitlichen „Volkscharakters" und nicht zuletzt die Abgrenzung gegenüber anderen Nationen. [...]

Beim Nationenbegriff ist zwischen Willensnation und Kulturnation zu unterscheiden. Die Kulturnation versteht sich als geschichtlich überkommene Gemeinschaft von Personen, die sich durch gemeinsame Abstammung und Werte verbunden fühlen. Diese gemeinsamen kulturellen Werte und Eigenheiten werden insbesondere in Sprache, Literatur, Tradition, Sitten und Gebräuchen, vorgestellter gemeinsamer Herkunft, nationalen Mythen und teilweise auch in einer gemeinsamen Religion gesehen. Als Beispiele für Länder, die sich mehrheitlich als Kulturnation verstehen, werden Deutschland, Japan und Italien angeführt.

Demgegenüber stellen die Willensnationen nicht auf gemeinsame kulturelle Werte ab. Die in einer Willensnation die Gemeinschaft verbindenden Merkmale werden in einer auf ein bestimmtes, historisch entstandenes Territorium bezogenen Rechtsgemeinschaft erblickt, deren vornehmster Ausdruck die gemeinsame Verfassung ist. Die Teilhabe an dieser Rechtsgemeinschaft ist jedermann möglich, sofern er die Staatsbürgerschaft des Landes erhält. Es wird unterstellt, dass sich alle Einwohner aus freiem Willen heraus zu der mehrheitlich beschlossenen Rechtsordnung bekennen (daher die Bezeichnung Willensnation). Willensnation kann insofern nur ein demokratischer Staat sein. Als Beispiele für Staaten, die sich als Willensnation verstehen, können klassische Einwanderungsnationen wie die USA oder Australien genannt werden.

Stefan Prochnow, eigener Text (unter Verwendung des Beitrags „Nationalismus" in: Eckart Thurich, Demokratie in Deutschland, Bonn/Berlin 2002, S. 32)

Fundamentalismus

In der Zeit nach dem Zweiten Weltkrieg hatte es zunächst den Anschein, dass die Bedeutung der Religion weltweit auf dem Rückzug sei. Der systemische Konflikt zwischen der Ideologie des Kommunismus und der westlich-kapitalistischen Welt dominierte die internationalen Beziehungen. Mit dem Sturz des Schahs von Persien (1979) durch die Islamische Revolution unter Ajatollah Khomeini (1902–1989) wurden erstmals Anzeichen eines gesellschaftlichen Wandels im Verhältnis zwischen Religion und Politik in islamischen Staaten deutlich. Mit den Schlagwörtern „Fundamentalismus" und „Islamismus" nahm die westliche Welt seither politische Umbrüche in Afghanistan, Algerien, dem Sudan und anderen Ländern wahr. Der Islam wird von manchen Politikern als Bedrohung des christlichen Abendlandes und anderer Kulturen gesehen; so spricht der US-amerikanische Politikwissenschaftler Samuel Huntington vom „Kampf der Kulturen" und den „blutigen Grenzen des Islam", wo sich der Islam Kriege und gewaltsame Auseinandersetzungen mit anderen Kulturen liefert (etwa in Bosnien, in Nigeria, dem Sudan, dem Nahen Osten, in Indien, in Thailand, auf den Philippinen).

Abb. 15.1: Ajatollah Khomeini

M2 Fundamentalismus, Islamismus und Fanatismus

Fundamentalismus ist allgemein die Bezeichnung für das Beharren auf festen politischen oder religiösen Grundsätzen mit absolutem Wahrheitsanspruch. Der religiöse Fundamentalismus basiert dabei in der Regel auf der wörtlichen Auslegung göttlicher Überlieferungen (z.B. der Bibel oder des Korans). Fundamentalistisch verstandene Religionen und daraus entspringende soziale Bewegungen betrachten ihre Überzeugungen und Vorstellungen als umfassende, absolute Lösung für alle politischen, wirtschaftlichen und sozialen Fragen des Lebens. Insofern verfolgt der Fundamentalismus einen totalitären, alle Lebensbereiche erfassenden Anspruch. Als **Islamismus** wird der islamische Fundamentalismus bezeichnet, dessen Grundlage die wörtliche Befolgung der Vorschriften des Korans einschließlich der → **Scharia** ist. Islamisten verlangen außerdem die Aufhebung des → **Laizismus**, d.h. der Trennung von Staat und Religion.

Fundamentalismus schlägt in **Fanatismus** um, wenn zu der Radikalität der eigenen Überzeugungen die Intoleranz gegenüber anderen Überzeugungen kommt. Der eigene Wille soll ohne Rücksicht auf Kritik sowie auf andere oder eigene Verluste durchgesetzt werden.

Bundesamt für Verfassungsschutz (Hrsg.): Verfassungsschutzbericht 2006, Köln 2007, S. XXIV

M3 Wesenszüge des Islamismus

- Der religiöse Fundamentalismus ist totalitär, weil er Vorschriften für alle Lebensbereiche erzwingen will und antipluralistisch ist.
- Islamisten sind politische Aktivisten, die sich selbst jedoch als religiöse Gottesstreiter verstehen.
- Islamisten behaupten, streng koranglӓubig zu sein, wenngleich sie sich nur auf bestimmte Stellen des Korans berufen und andere Abschnitte, die nicht in ihr Konzept passen, übersehen.
- Die eigentliche Bedeutung des Islamismus in der Revolte gegen den Westen und die von ihm geprägte Weltordnung besteht im Bestreben nach einer Entwestlichung der Weltpolitik.
- Der Islamismus ist in seinen Führungspositionen außerordentlich männerorientiert. Frauen spielen – bis auf wenige Ausnahmen – eher eine untergeordnete Rolle. Der gewalttätige Islamismus geht vor allem von den Massen junger, arbeits- und perspektivloser Männer aus, die als Produkt der hohen islamischen Geburtenraten in Städten und Flüchtlingslagern des Orients umhermarodieren.
- „Der Islamist zieht sich das Unrecht der Welt als Mantel an, um seine wahren Ziele zu verdecken. Was auch immer die Islamisten erreichen wollen, der Aufbau einer besseren Welt gehört wohl kaum zu ihren Vorsätzen." (Salman Rushdie, Schriftsteller)
- Der Islamismus wendet sich gegen den Laizismus und predigt den Gottesstaat als Alternative.
- Der Islamismus ist eine Heilsideologie, die der gesamten Menschheit die islamische Lösung als Heilmittel gegen alle Übel aufzeigen will.
- In vielen islamistischen Gruppen spielt die Abgrenzung zwischen „Wir Gläubigen" und den zum Erzfeind erklärten „Ungläubigen" eine zentrale Rolle.

Zusammengestellt nach: Bassam Tibi: Fundamentalismus im Islam, Darmstadt 2000

ARBEITSAUFTRÄGE

1. *Unterscheiden Sie die Begriffe Nationalismus, Chauvinismus und Patriotismus!*
2. *Was macht den Nationalismus*
   a) so attraktiv?
   b) so gefährlich?
3. *Vergleichen Sie die Merkmale des Nationalismus und des Fundamentalismus! Welche Gemeinsamkeiten und Unterschiede stellen Sie fest?*

1.2.4 Proliferation

Als Proliferation bezeichnet man die Weiterverbreitung von atomaren, biologischen oder chemischen Massenvernichtungswaffen. In der Proliferation wird eine erhebliche Gefahr für die Sicherheit im 21. Jahrhundert gesehen, denn je weiter solche Waffen verbreitet sind, desto größer ist vermutlich auch die Gefahr, dass sie in die Hände skrupelloser Machthaber oder Terroristen geraten. Der Einsatz schon sehr einfacher Atomsprengköpfe kann durch die enorme Druckwelle und die anschließende radioaktive Strahlung großen Schaden anrichten. Gefahren entstehen auch durch die Zündung sogenannter „schmutziger Bomben"; das sind „normale" Sprengsätze, die mit radioaktivem Material angereichert sind, das durch die Explosion die Umgebung weiträumig radioaktiv verseuchen kann. Chemische Kampfstoffe führen zumeist zum Erstickungstod. Biologische Kampfstoffe sind Krankheitserreger, die tödliche Seuchen wie Pocken oder Pest verursachen können.

M1 Folgen einer Atombomben-Explosion

Bei der Detonation einer Atombombe unterscheidet man zwischen fünf verschiedenen Folgen:
- die radioaktive Strahlung der Detonation
- den radioaktiven Niederschlag
- die Hitzewelle
- die Druckwelle
- den nuklearen elektromagnetischen Puls

Abb. 16.1: Atomwaffentest unter Wasser in den USA

Die radioaktive Strahlung der Detonation ist die Strahlung, die sich in den ersten Minuten nach der Detonation mit der Druckwelle und sonstigen Winden verteilt und das betroffene Gebiet mit einer starken Strahlung verseucht. Alle ungeschützten Menschen in einem Umkreis von einigen Kilometern werden getötet. Der radioaktive Niederschlag („Fallout") ist der Staub oder das Wasser, das bei der Detonation radioaktiv verseucht und mehrere Kilometer hoch in die Atmosphäre geschleudert wurde. Dieser Niederschlag verteilt sich nach der Detonation auf einer riesigen Fläche, die dadurch mit einer schwachen Strahlung verseucht wird. Die Hitzewelle entsteht durch die ungeheure Energie, die bei der Detonation frei wird. Im Detonationszentrum beträgt die Temperatur mehrere Millionen Grad. Die Hitzewelle dauert nur wenige Sekunden, tötet aber alle Menschen im Umkreis von ein bis zwei Kilometern. Sogar Menschen, die mehrere Kilometer vom Detonationszentrum entfernt sind, können noch schwere Verbrennungen erleiden. Die Druckwelle zerstört alle Gebäude in einem Umkreis von ein bis zwei Kilometern vollständig. Wie die Hitzewelle dauert die Druckwelle nur wenige Sekunden. Die Druckwelle verursacht Winde mit einer Höchstgeschwindigkeit von 1 200 km/h. Der nukleare elektromagnetische Puls besteht aus extrem starken Magnetfeldern, die vor allem elektrische Geräte beeinflussen und zerstören.

Die Folgen der Hiroshima-Bombe

Die Bombe selbst explodierte nicht am Boden, sondern in einer Höhe von 600 m über der Stadt in einem blau-weißen Blitz, von dem man erblinden kann. Die Hitzewelle, die im Zentrum einige Millionen Grad erreichte, und die Strahlung töteten alle ungeschützten Menschen im Umkreis von einigen Kilometern. In der Nähe des Hypozentrums, das ist die Stelle unmittelbar unter der Explosion, wurden Werte zwischen 3 000 und 4 000 Grad Celsius erreicht. Dadurch wurden alle Menschen, die sich in einem Bereich von eineinhalb Kilometern um das Hypozentrum befanden, sofort getötet und zerfielen zu Staub, andere verkohlten. Starben diese Personen noch einen schnellen Tod, so siechten die Menschen, welche weiter entfernt vom Hypozentrum standen, qualvoll dahin. Gezeichnet von schweren Verbrennungen, schmolzen bei vielen auch die Augäpfel; verbrannte Hautfetzen hingen vielen Menschen am Körper herunter. Viele Menschen schrien aufgrund der Verbrennungen nach Wasser. Dunklere Kleidungsstücke brannten sich ähnlich einer Tätowierung sofort in die Haut ein. Die Strahlung in den ersten Minuten und der radioaktive Niederschlag innerhalb des ersten Tages nach der Detonation verseuchten die ganze Stadt radioaktiv, und ließen die Überlebenden an schweren Krankheiten wie Krebs erkranken. Nach der unvorstellbaren Feuersbrunst kam die Druckwelle, welche ähnlich konventionellen Bomben ebenfalls großen Schaden verursachte. Sie zerstörte alle Gebäude in einem Umkreis von 1,5 Kilometern vollständig. Die Fensterscheiben zersprangen in einem Umkreis von 12 Kilometern. Einstürzende Gebäude und die Glassplitter der Häuserfenster bohrten sich in die Menschen.

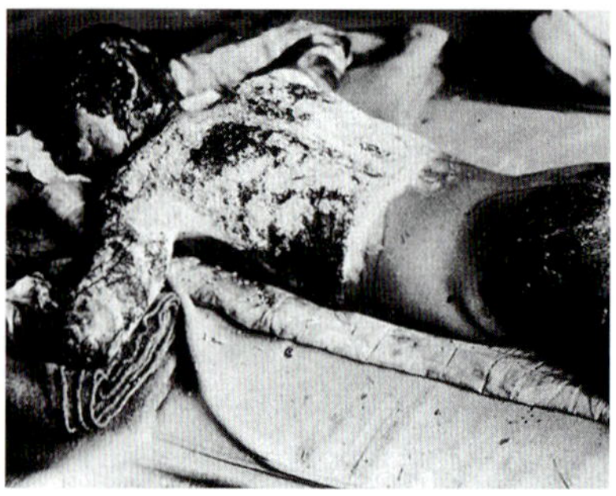

Abb. 16.2: Opfer in Hiroshima, August 1945

100 000 Menschen starben am ersten Tag, 140 000 Menschen bis zum Ende des Jahres. In einer letzten Stufe verursachte die Bombe viele verschiedene Strahlenkrankheiten, an denen bis zum heutigen Tag eine große Anzahl von Menschen starben und immer noch sterben. Typischerweise leiden die Strahlenopfer an büschelweisem Haarausfall. Auch Krebs, Schäden am Erbgut, Fehlgeburten, Konzentrationsschwächen, andauernde Müdigkeit sind Krankheiten, die entstehen können, wenn Menschen einer Strahlenbelastung ausgesetzt sind.

Internationale Ärzte für die Verhütung des Atomkriegs e.V. (Hrsg.): Hiroshima und Nagasaki. Folgen des Atomkriegs, Berlin 2002, S. 12

M2 Leben mit 22 000 Atomwaffen

Die Atombombe, die vor 60 Jahren Hiroshima zerstörte, war ein Spielzeug im Vergleich zu modernen Massenvernichtungswaffen. Ihre Sprengkraft entsprach etwa 12 500 Tonnen des herkömmlichen Sprengstoffs TNT. Heutige Wasserstoffbomben, wie sie die USA und Russland besitzen, haben eine Zerstörungswirkung von bis zu 750 000 Tonnen TNT – also das 50-Fache der Hiroshima-Bombe.

1945 besaßen die USA das Atomwaffenmonopol; vier Jahre später zog die Sowjetunion gleich. Heute verfügen acht Staaten über Atombomben: die USA, Russland, die Volksrepublik China, Frankreich, Großbritannien, Indien, Pakistan und Israel. Nordkorea behauptet, die Bombe zu besitzen. Der Iran wird verdächtigt, unter dem Deckmantel friedlicher Kernenergie-Nutzung an Atomwaffen zu arbeiten.
Zusammen besitzen die Atomwaffenstaaten etwa 22 000 einsatzbereite Atomsprengköpfe – eingemottete oder zur Verschrottung bestimmte Bestände nicht eingerechnet. Das Arsenal ist zwar seit dem Höhepunkt des Kalten Krieges, als es 50 000 Atomgefechtsköpfe gab, bedeutend verringert worden. Der Rest würde aber reichen, um die ganze Menschheit mehrfach zu vernichten.

Pierre Simonitsch: Leben mit 22 000 Atomwaffen, in: Frankfurter Rundschau vom 6. August 2005, S. 1

M3 Die Logik der Abschreckung

Abschreckung (engl.: deterrence) ist der Versuch, einen Gegner von einem Angriff durch die Schaffung von Risiken zurückzuhalten, die ihm im Verhältnis zum erstrebten Gewinn unverhältnismäßig groß erscheinen müssen. Der Aggressor soll davon überzeugt werden, dass er bei seinem Angriff mehr verlieren als gewinnen könnte, zumindest aber nicht die erwarteten Vorteile erlangen würde. Voraussetzung für die Abschreckung sind auf beiden Seiten rational agierende Entscheidungsträger und das Vorhandensein hinlänglicher militärischer Kräfte (im Falle der nuklearen Abschreckung insbesondere atomare Waffen auf beiden Seiten). Außerdem muss der politische Wille, militärische Macht (bis hin zu Atomwaffen) anzuwenden, erkennbar und glaubhaft sein. Weitere Voraussetzungen sind eine Zweitschlagskapazität an Waffen, um gegebenenfalls auf einen Angriff reagieren zu können, ohne selbst durch den Einsatz der Waffen unmittelbar in Mitleidenschaft gezogen zu werden (ausreichende Entfernung zum Gegner).

Herder Lexikon Politik, 6. Auflage, Freiburg (Br.), Basel und Wien 1992, S. 8

M4 Atomwaffen als Garant des Friedens?

Mit der gelenkten Atomrakete wurde eine Waffe geboren, gegen die es bis heute keinen wirksamen Schutz gibt. Die Vernichtung der Erde auf Knopfdruck wurde möglich. [...] Der Begriff der Verteidigung im militärischen Sinn wurde bedeutungslos. Angesichts der gegenseitig gesicherten Vernichtung entstand die paradoxe Situation, dass die USA und die Sowjetunion zwar allmächtige Waffen zu Tausenden in ihren Händen hielten, aber sie nicht als Gewaltmittel einsetzen konnten. Um die vollständige Zerstörung zu vermeiden, musste der nächste große Krieg verhindert werden. [...]

Seit dem Kalten Krieg gibt es Bestrebungen, eine Verteidigung gegen Atomraketen möglich zu machen. 1983 kündigte der damalige US-Präsident Ronald Reagan eine Strategic Defense Initiative (SDI) an, die Raketen vom All aus abschießen sollte. Das System wurde bisher nicht verwirklicht, aber Präsident George W. Bush griff die Vision auf und stellte das Konzept für eine ähnliche National Missile Defense (NMD) auf. Damit soll vor allem der Schutz von interkontinentalen Atomraketenangriffen aus verdächtigen „Schurkenstaaten" wie Nordkorea oder dem Iran verbessert werden. Viele europäische Länder reagierten auf die Einladung der USA, unter diesen geplanten Schutzschild zu schlüpfen, bisher äußerst zurückhaltend. Russland und die Volksrepublik China protestieren energisch gegen das Projekt und warnen vor einem neuen, milliardenteuren Rüstungswettlauf. [...]

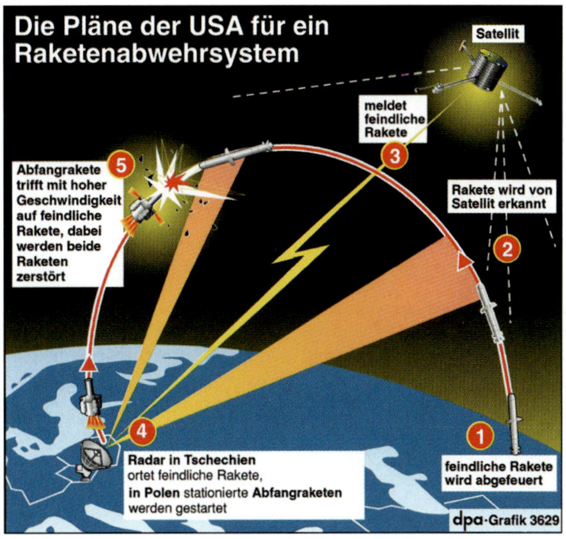

Abb. 17.1: Raketenabwehrprogramm der USA

Der totale Kontrollanspruch findet seinen Widerpart im Terrorismus, der sich der Kontrolle und der Abschreckung widersetzt und sie doch durch die Wahl seiner Mittel weiter provoziert. Terroristen verfügen nicht über ein eigenes Territorium, gegen das sich entsprechende militärische Gegenmaßnahmen richten könnten. Terroristen sind keine Regierung, gegen die ein Volk rebellieren könnte. Ohnehin nehmen Terroristen, zumal Selbstmordattentäter, keinerlei Rücksichten auf das eigene Überleben.

Jürgen Scheffran: Wissenschaft, Rüstungstechnik und totaler Krieg. Historische Einblicke in eine Wechselbeziehung, in: Wissenschaft & Frieden 1/2005, S. 17

ARBEITSAUFTRÄGE

1. *Beschreiben Sie die Folgen einer Atombombenexplosion! Worin liegt die besondere Gefahr dieser Waffe im Vergleich zu konventionellen Bomben?*
2. *Diskutieren Sie: Kann die Proliferation von Nuklearwaffen überall stabile Abschreckung schaffen und damit die Welt sicherer machen, weil die furchtbare Gefahr des Atomkriegs die Konfliktparteien in regionalen Konflikten so vorsichtig macht wie einst die Supermächte im Kalten Krieg?*
3. *Welche politischen Folgen könnte die wirksame Umsetzung des amerikanischen Raketenabwehrprogramms haben? Sollte sich Deutschland an dem Programm beteiligen?*

1.2.5 Terrorismus

Abb. 18.1: Terroranschlag in New York am 11. September 2001

Unter Terrorismus versteht man die Durchsetzung politischer Ziele mit Gewalt seitens nicht-staatlicher Gruppierungen, die aus dem Verborgenen heraus operieren. Die massive und überraschend ausgeübte Gewalt soll einerseits die Aufmerksamkeit der Medien gewährleisten, andererseits Angst und Schrecken in der Bevölkerung auslösen.

Terroristische Gewaltaktionen haben neben ihrer quasi „militärischen" eine „kommunikative" Funktion: Sie werden nicht in erster Linie wegen ihres Zerstörungspotenzials eingesetzt, sondern wegen ihrer öffentlichen Wirkung. Aufgrund des Gefühls des permanenten Bedrohtseins („jeden kann es treffen"), das sie erzeugen, üben Terroristen eine weitaus größere Macht aus, als ihnen nach den realen Umständen und Gegebenheiten eigentlich möglich wäre. Terroristen benutzen die Öffentlichkeit und die mediale Aufmerksamkeit ihrer gewalttätigen Aktionen als Druckmittel, um die Staatsmacht zu unverhältnismäßig harten Gegenmaßnahmen zu provozieren. In weiten Teilen der Bevölkerung soll so die Bereitschaft wachsen, die Terroristen im Kampf gegen den von ihnen bekämpften Staat zu unterstützen. Am Ende steht das Ziel eines radikalen, fundamentalen Umsturzes des bestehenden politischen und gesellschaftlichen Systems. Die verheerenden Anschläge des 11. September 2001 auf das World Trade Center in New York durch die islamistische Terrorgruppe → **El Kaida** zeigten, dass die psychologische Wirkung von Terroranschlägen auch zu einer erheblichen Destabilisierung der Wirtschaft beiträgt.

Arten des Terrorismus		
Ethnisch-nationaler Terrorismus	**Ideologisch-weltanschaulicher Terrorismus**	**Religiöser Terrorismus**
Grundlage: regionale, separatistische Forderungen (Autonomie, staatliche Unabhängigkeit). Beispiele: • PLO bis 1985 (Palästina) • kurdische PKK (Türkei) • baskische ETA (Spanien)	Grundlage: rechts- oder linksextremistische Ideologien. Angestrebt wird eine radikal veränderte Politik bzw. Wirtschafts- und Gesellschaftsordnung. Beispiele: • Rote Armee Fraktion (Deutschland) • Rote Brigaden (Italien)	Grundlage: Religionen oder pseudoreligiöse Heilslehren, die für politische Zwecke und zur Gewaltausübung instrumentalisiert werden. Beispiel: • islamistische Gruppen wie El Kaida, Abu Sayyaf, Hisbollah, Hamas, Islamischer Dschihad ...

Kennzeichen des islamistisch-fundamentalistischen Terrorismus

Spätestens seit den Anschlägen des 11. September 2001 ist der islamistische Terrorismus in den Mittelpunkt der Aufmerksamkeit gerückt. Die **Ideologie** des islamistischen Terrorismus gründet sich auf göttlich inspirierten Geboten und fordert die Errichtung eines **Gottesstaates.** Die islamistischen Terrorgruppen wenden sich gegen eine **„Verwestlichung"** islamischer Gesellschaften und rufen zum **Dschihad** (aufgefasst als „Heiliger Krieg") gegen alle „Ungläubigen" und „Kreuzfahrer" auf.

Die **Strategie** der islamistischen Terrorgruppen liegt im gezielten Angriff auf Symbole der westlichen Welt. Im Fadenkreuz der Terroristen befinden sich außerdem Einrichtungen des Westens in den islamischen Ländern (z. B. Botschaften, Firmenniederlassungen, Militärstützpunkte). Darüber hinaus zielen die Anschläge zunehmend auf **„weiche Ziele"** wie Diskotheken, Einkaufszentren oder Bahnhöfe, wobei der Tod möglichst vieler Menschen beabsichtigt wird. Bei der Vorbereitung und Durchführung der Anschläge nutzen die Terroristen alle Möglichkeiten der globalisierten Welt wie Handys oder Internet.

Bei seiner **Organisation** bedient sich der islamistische Terrorismus **dezentraler, transnationaler Netzwerke** mit flachen Hierarchien. Teilweise arbeiten von der Leitungsebene unabhängige lokale Gruppen an der Finanzierung oder logistischen Vorbereitung von Anschlägen. Bei der **Durchführung der Anschläge** sind zeitlich aufeinander abgestimmte Anschlagserien typisch für die neuartige Qualität des islamistischen Terrorismus.

Kennzeichnend für den religiös-fundamentalistischen Fanatismus in manchen islamistischen Terrorgruppen ist die große Zahl von **Selbstmordattentaten.** In dem folgenden Abschnitt sollen schwerpunktmäßig mögliche Motive für diese besonders heimtückische Erscheinungsform des Terrorismus untersucht werden.

Wurzeln des Terrorismus I: Ökonomische Ursachen

M 1 Dominanz des Staatssektors

Sefik Alp Bahadir ist Professor für gegenwartsbezogene Orientforschung an der Universität Erlangen-Nürnberg

Die islamischen Länder des Nahen Ostens und Nordafrikas hatten im Jahr 2000 eine Gesamtbevölkerung von 295 Millionen. Nach Schätzungen der Weltbank lebten 62 Millionen Menschen (22 Prozent der Gesamtbevölkerung) von einem Tageseinkommen von weniger als zwei US-Dollar, das heißt unterhalb der Armutsgrenze. Ein Viertel der männlichen und fast die Hälfte der weiblichen Bevölkerung über 15 Jahren waren Analphabeten. Demgegenüber besitzt diese Region zwei Drittel der nachgewiesenen Erdölreserven der Welt und fördert ein Drittel der Welterdölproduktion. Das Gefälle zwischen dem Wirtschaftspotenzial und der Wirtschaftsleistung in der Region wird von der Weltbank zutreffend wie folgt erklärt:

„Die wirtschaftliche Entwicklung ist in praktisch allen Ländern der Region zu einem großen Teil durch Schwächen und andere Unzulänglichkeiten des ökonomischen Umfelds dieser Länder eingeschränkt. Potenzielle Investoren werden von einem Netz aus komplizierten Verordnungen, die häufig unüberschaubar oder unvereinbar mit internationalen Normen sind, abgeschreckt. In der gesamten Region gibt es politische, behördliche und institutionelle Mängel sowie Behinderungen von effizienten privaten Investitionen und Existenzgründungen. Strenge staatliche Beschränkungen erschweren den Zugang zu neuen Märkten und reduzieren die Wettbewerbsfähigkeit. Sie erhöhen die Kosten und verhindern, dass in diesen arabischen Ländern wettbewerbsfähig zu Weltmarktbedingungen produziert werden kann."

Es ist schon erstaunlich, wie wenig die Ölstaaten aus ihren immensen Einnahmen gemacht haben. Das schlechte Investitionsklima führt nicht nur zu spärlichen Zuflüssen aus ausländischen Direktinvestitionen, auch die Araber selbst mögen, von wenigen Ausnahmen in den Vereinigten Arabischen Emiraten abgesehen, kaum ihr Geld in der Heimat anlegen: Massive Kapitalflucht ist die Folge.

Die herrschenden politischen Gruppen in den Ländern der Region hegen eine tiefe Abneigung gegen politische und wirtschaftliche Freiheiten. Folglich haben ihre wirtschaftspolitischen Konzepte einen gemeinsamen Nenner: die Dominanz des Staatssektors. [...] Eine denkbar schlechte Voraussetzung, um Investoren anzulocken, die für Wirtschaftswachstum und Beschäftigung sorgen könnten. Folge: War 1975 nur ein Staat der Arabischen Liga hoch im Ausland verschuldet (Ägypten), so waren es Ende der 1980er Jahre schon elf Mitgliedsländer. Von 1980 bis 2000 blieb das durchschnittliche Wirtschaftswachstum in der Region mit 2,5 Prozent unterhalb des jährlichen Bevölkerungszuwachses (2,6 Prozent). Das bedeutet für die Bevölkerung konkret: eine zunehmende Verarmung, ein sinkendes Pro-Kopf-Einkommen, fehlende Arbeitsplätze für immer mehr junge Männer, deren Perspektivlosigkeit nicht selten in blinde Gewalt mündet.

Sefik Alp Bahadir: Ökonomische und politische Ursachen des Terrorismus im Nahen Osten, in: Peter Bendel u. a. (Hrsg.): Im Schatten des Terrorismus, Wiesbaden 2003, S. 36 f.

M 2 Selbstmordattentäter und radikale Islamisten sind selten arme Leute – vier Thesen

Daniel Pipes ist Direktor des Middle East Forums und Nahostexperte am Hoover Institut (Stanford University, USA).

Erstens: Reichtum immunisiert nicht gegen den radikalen Islam. Die Kuwaiter haben Einkommen auf westlichem Niveau (und verdanken dem Westen sogar ihre staatliche Existenz, schließlich waren es die USA, die Kuwait 1991 von der irakischen Besatzung befreit haben) – und dennoch erringen die Islamisten bei Parlamentswahlen unter allen Gruppierungen regelmäßig den größten Anteil der Sitze (gegenwärtig 20 von 50).

Zweitens: Eine florierende Wirtschaft immunisiert nicht gegen den radikalen Islam. In vielen Ländern entstanden die extremistischen Gruppierungen gerade in der Zeit hohen Wirtschaftswachstums; in der Türkei haben islamistische Parteien auch in Zeiten prosperierender Wirtschaft erheblichen Zulauf. [...]

Drittens: Nicht Armut bringt den militanten Islam hervor. Aus den ärmsten islamischen Staaten kommen kaum Terroristen: weder aus Bangladesch, noch aus dem Jemen oder Niger. Wirtschaftliche Hoffnungslosigkeit, die häufig als Nährboden des Islamismus und Terrorismus angeführt wird, gibt es im Mittleren Osten schon seit Langem – die Zunahme der Anschläge muss andere Gründe haben.

Viertens: Eine Not leidende Wirtschaft im Niedergang ist nicht der Auslöser für militanten Islamismus. Der Crash in Indonesien und Malaysia im Zuge der Asienkrise Ende der 1990er Jahre hat dort keine islamistische Welle erzeugt. Seit der Islamischen Revolution 1979 sind die Einkommen im Iran um die Hälfte gesunken – doch deswegen hat das Volk eher eine regierungskritische Skepsis ergriffen, anstatt es zu heißgläubigen Islamisten werden zu lassen.

Daniel Pipes: Imame im Nadelstreifen, in: Die Zeit vom 31. Januar 2002, S. 16

ARBEITSAUFTRÄGE

1. *Wie sieht und begründet Sefik Alp Bahadir (M1) den Zusammenhang zwischen Wirtschaft und terroristischen Aktivitäten in den meisten Staaten des Nahen Ostens und Nordafrikas?*
2. *„Nicht Armut bringt den militanten Islam hervor" – so die Hauptthese von Daniel Pipes (M2). Untersuchen Sie die Plausibilität seiner Begründung! Ziehen Sie dazu auch den Text von Sefik Alp Bahadir (M 1) heran!*

Wurzeln des Terrorismus II: Politisch-ideologische Ursachen

M3 Kampf der Kulturen

Samuel Huntington ist Politikwissenschaftler in den USA und lehrt an der Harvard University.

Meine These ist, dass die grundlegende Ursache von Konflikten in dieser neuen Welt in erster Linie nicht ideologischer oder wirtschaftlicher Natur sein wird. Der wichtigste Grund für Konflikte wird kulturell bestimmt sein. Nationalstaaten werden zwar die mächtigsten Akteure auf dem Globus bleiben, die grundsätzlichen Auseinandersetzungen der Weltpolitik aber werden zwischen Nationen und Gruppierungen aus unterschiedlichen Kulturen auftreten. Der Zusammenprall der Kulturen (clash of civilizations) wird die Weltpolitik beherrschen. Verwerfungen zwischen den Kulturkreisen werden den Frontverlauf der Zukunft bestimmen. Warum der Zusammenprall?

Erstens: Die Unterschiede zwischen den Kulturen sind nicht nur wirklich, sie sind auch grundlegend. Menschen verschiedener Kulturen haben sowohl unterschiedliche Anschauungen über das Verhältnis zwischen Gott und Mensch, Individuum und Gruppe, Bürger und Staat, Eltern und Kindern, Mann und Frau als auch über die relative Bedeutung von Rechten und Pflichten, Freiheit und Autorität, Gleichheit und Hierarchie. Diese Unterschiede sind in Jahrhunderten gewachsen. Sie sind weit fundamentaler als die Unterschiede von Ideologien oder von Regierungssystemen. Solche Differenzen bedeuten nicht notwendigerweise Konflikt. Im Laufe der Jahrhunderte allerdings haben Unterschiede zwischen Kulturen die längsten und gewalttätigsten Kriege hervorgebracht.

Zweitens: Die Welt wird kleiner. Das wachsende Kontaktgeflecht zwischen den Völkern verstärkt das eigene kulturelle Bewusstsein wie auch das Bewusstsein für die Unterschiede. Bürger der USA reagieren weitaus ablehnender auf Investitionen aus China als auf größere Investitionen aus Kanada oder Europa. Der Austausch zwischen den verschiedenen Kulturen verstärkt das Bewusstsein der Menschen, einer bestimmten Kultur anzugehören; das wiederum verstärkt Differenzen und Animositäten, die oft weit in die Geschichte zurückreichen.

Drittens: Der Prozess wirtschaftlicher Modernisierung und sozialen Wandels löst die Menschen aus ihren althergebrachten, dörflichen Identitätsmustern. Das schwächt den Nationalstaat als Quelle der Identität. Die entstehende Lücke hat vielerorts die Religion ausgefüllt. Die Wiederauferstehung der Religionen, die „Rache Gottes", liefert eine Grundlage für Identität und Hingabe, die nationale Grenzen überschreitet und Kulturen vereint oder trennt.

Viertens: Als Reaktion auf die Dominanz des Westens verstärkt sich die Rückbesinnung auf die „eigenen Wurzeln" in den anderen Kulturkreisen.

Fünftens: Kulturelle Eigenheiten sind weniger austauschbar und daher auch weniger gefährdet als politische. In der ehemaligen Sowjetunion können Kommunisten zu Demokraten werden, Reiche können arm und Arme reich werden – aber Russen können sich nicht in Esten und Aserbaidschaner nicht in Armenier verwandeln. In den Klassen- und Ideologiekämpfen hieß die Schlüsselfrage: „Auf welcher Seite stehst du?" Man konnte die Seiten wechseln. In Konflikten zwischen Kulturen lautet die Frage: „Was bist du?" Die Antwort steht fest und ist unveränderlich. Bekanntlich kann die falsche Antwort auf diese Frage in Bosnien, im Kaukasus oder im Sudan eine Kugel im Kopf bedeuten. Der samtene Vorhang der Kulturen hat den Eisernen Vorhang der Ideologien abgelöst als bedeutsamste Scheidelinie Europas.

Samuel Huntington: Im Kampf der Kulturen, in: Die Zeit vom 13. August 1993

M4 Hass und Wut gegen die USA

Arundhati Roy ist Schriftstellerin und politische Aktivistin aus Indien.

Abb. 20.1: Arundhati Roy

Es stellt sich die Frage, warum die Anschläge den Symbolen der wirtschaftlichen, politischen und militärischen Macht galten. Warum nicht der Freiheitsstatue? Könnte es sein, dass die finstere Wut, die zu den Anschlägen führte, nichts mit Freiheit und Demokratie zu tun hat, sondern damit, dass amerikanische Regierungen genau das Gegenteil unterstützt haben – militärischen und wirtschaftlichen Terrorismus, Konterrevolutionen, Militärdiktaturen, religiöse Bigotterie und unvorstellbaren Genozid? [...]

Die Anschläge vom 11. September waren die monströse Visitenkarte einer aus den Fugen geratenen Welt. Die Botschaft könnte, wer weiß, von Osama Bin Laden stammen und von seinen Kurieren übermittelt worden sein, aber sie könnte durchaus unterzeichnet sein von den Geistern der Opfer von Amerikas alten Kriegen.

Die Millionen Toten in Korea, Vietnam und Kambodscha, die 17 500 Toten, als Israel (mit Unterstützung Amerikas) 1982 im Libanon einmarschierte, die 200 000 Iraker, die bei der Operation Wüstensturm (während des Golfkrieges 1991) starben, die Tausende Palästinenser, die im Kampf gegen die israelische Besetzung des Westjordanlandes den Tod fanden. Und die Millionen, die in Jugoslawien, Somalia, Haiti, Chile, Nicaragua, El Salvador, Panama, in der Dominikanischen Republik starben, ermordet von all den Terroristen, Diktatoren und Massenmördern, die amerikanische Regierungen unterstützt, ausgebildet, finanziert und mit Waffen versorgt haben. Und diese Aufzählung ist keineswegs vollständig. Für ein Land, das an so vielen Kriegen und Konflikten beteiligt war, hat Amerika außerordentlich viel Glück gehabt. Die Anschläge vom 11. September waren erst der zweite Angriff auf amerikanischem Territorium innerhalb eines Jahrhunderts. Der erste war Pearl Harbor. Die Revanche dafür endete nach einem langen Umweg bei Hiroshima und Nagasaki. Heute wartet die Welt mit angehaltenem Atem auf den Schrecken, der uns bevorsteht ...

Arundhati Roy: Wut ist der Schlüssel, in: Frankfurter Allgemeine Zeitung vom 28. September 2001, S. 25 f.

Wurzeln des Terrorismus III: Psychologische Ursachen

M 5 Die Motive eines Selbstmordattentäters

Es war eine präzis geplante Bluttat, doch in diesem Fall blieb das einzige Opfer der Hisbollah-Attentäter selbst: Bei den Vorbereitungen zu einem Anschlag in Jerusalem wurde der Libanese Hussein Mikdad im April 1996 lebensgefährlich verletzt. Dank israelischer Ärzte überlebte er, nach der Amputation einer Hand und beider Beine und im Gesicht entstellt. Dem israelischen Dokumentarfilmer Dan Setton erzählte er seine Geschichte. [...] 1998 wurde Mikdad mit Dutzenden Hisbollah-Gefangenen gegen die Leiche eines im Libanon gefallenen israelischen Soldaten ausgetauscht.

Setton: Wer hat Sie auf diese Mission geschickt?
Mikdad: Die Hisbollah.
Setton: Warum gerade Sie? Sind Sie eine Art James Bond?
Mikdad: Wahrscheinlich, weil ich den Erfordernissen dieser Mission entsprach: Ich spreche Englisch, bin groß, hellhäutig und gebildet.
Setton: Bereuen Sie, was Sie taten?
Mikdad: Darüber will ich nicht sprechen.
Setton: Weil Ihnen klar ist, dass durch Ihre Tat Kinder und Unschuldige hätten sterben können?
Mikdad: Manchmal macht man etwas, was nicht gut ist. Aber man muss wissen, was die Ursache ist und warum man es macht.
Setton: Sie sind in einem Dorf außerhalb von Beirut aufgewachsen, der Älteste in einer Familie von sechs Kindern.
Mikdad: Stimmt. Ich wuchs dort auf, ging in Beirut zur Schule, lernte Englisch und studierte an der Amerikanischen Universität Naturwissenschaften und Management.
Setton: Sie wurden Buchhalter, bevor Sie 1994 der Hisbollah beitraten. Für diese selbst ernannte Partei Gottes ist Israel erklärter Todfeind.
Mikdad: Wegen des Kriegs lebten wir im Libanon in einer riskanten Situation. Jeden Tag fühlte man die Gefahr für Leib und Leben. Was konnten wir tun? Wir mussten für die Befreiung unseres Landes kämpfen. Deshalb trat ich der Widerstandsbewegung bei.
Setton: Und deswegen waren Sie bereit, diese Mission auszuführen?
Mikdad: Richtig, ich wollte meinem Volk helfen. An der Universität war ich mit Vorstellungen von Revolution, von Veränderung, Demokratie und Gerechtigkeit in Kontakt gekommen. Wir wuchsen ja auf in Zeiten des Krieges; Krieg wurde zum Teil unseres Lebens.
Setton: Angelernt wurden Sie in einem Trainingscamp im Bekaa-Tal. Wie lange dauerte Ihre Ausbildung durch iranische Sprengstoffexperten?
Mikdad: Knapp zwei Monate.
Setton: Als man Ihnen anbot, die Mission zu übernehmen, sagten Sie zu.
Mikdad: Nein, nicht sofort. Aber am Ende erklärte ich mich dazu bereit.
Setton: Was war der Grund?
Mikdad: Der Grund war die Besetzung meines Landes.
Setton: Was war der schwierigste Moment?
Mikdad: Der kam, als ich schließlich das Haus verließ. Ich verließ Frau und Tochter. Das fiel mir sehr schwer ...
Setton: Der Anschlag sollte in Jerusalem stattfinden. Doch in der Nacht zuvor explodierte der Sprengstoff bereits in Ihrem Hotelzimmer. Wie fühlen Sie sich heute?
Mikdad: Bei Gott, meine Seele ist müde.
Setton: Was meinen Sie damit?
Mikdad: Jedes Mal, wenn ich mich an die Ereignisse von damals erinnere, wünsche ich mir, ich wäre tot ...

Dan Setton: „Meine Seele ist müde", in: Der Spiegel 38/2001, S. 136

M 6 Psychologisches Profil eines Attentäters

Scott Atran, Soziologe der University of Michigan in Ann Arbor, hat ein Profil eines typischen Selbstmordattentäters erstellt. Die Terroristen sind, so das Ergebnis der Analyse, weder verhaltensauffällig noch gesellschaftlich benachteiligt. Jung, ledig, gebildet: Selbstmordattentäter sind keine Psychopathen, sondern völlig unauffällige Männer. Sie sind gläubig, aber nicht unbedingt fanatisch religiös. Sie haben Familie, Freunde, Jobs. [...] Doch sie sind selbst Opfer, denn sie unterliegen ständiger Indoktrination durch geistige Lehrer, Medien und soziales Umfeld. In kleineren Gruppen kommt es, häufig unter der Leitung charismatischer Führer, zur Radikalisierung. Am Ende steht meist eine Art Vertragsabschluss – etwa ein auf Video festgehaltenes Bekenntnis.

Selbstmordattentäter fallen nicht aus der Reihe, in: Spiegel online vom 7. März 2003

ARBEITSAUFTRÄGE

1. *Erklären Sie Huntingtons Thesen über den „Kampf der Kulturen"!*
2. *Suchen Sie Beispiele und Gegenbeispiele für Huntingtons These, dass die Konflikte der Gegenwart entlang von Kulturgrenzen verlaufen!*
3. *Entwerfen Sie in Form eines Leserbriefs Ihre Meinung zu der Position von Arundhati Roy (M4)! Wo scheint sie Ihnen überzeugend, wo hätten Sie kritische Rückfragen?*
4. *Was erfahren wir in dem Interview mit einem Selbstmordattentäter (M5) über dessen Herkunft, Sozialisation und Beweggründe? Bewerten Sie anschließend die Meinung des US-Soziologen Scott Atran, dass Selbstmordattentäter selbst Opfer seien!*

Wurzeln des Terrorismus IV: Religiöse Motivation

M7 Terrorpilot Mohammed Atta

Abb. 22.1: Mohammed Atta

Am Tag der Anschläge auf das World Trade Center wurde im Bostoner Logan Airport eine Reisetasche gefunden: das nicht rechtzeitig umgeladene Gepäck des Terrorpiloten Atta, der die Boeing 757, Flug 011 der American Airlines, in den Nordturm steuerte. Unter den Schriftstücken fand sich sein letzter Wille, verfasst im April 1996, sowie eine Art Handlungsanleitung für den Terroranschlag, in der es unter anderem heißt:

Wenn die Arbeit getan und alles gut verlaufen ist, werden alle sich die Hände reichen und sagen, dass dies eine Aktion im Namen Gottes war. [...]

Für niemanden gibt es etwas Besseres zu tun, als die Verse des Korans zu lesen, da Gott gesagt hat, dass man in seinem Namen kämpfe und dass man das, was man im jetzigen Leben hat, für ein anderes, besseres Leben im Himmel aufgeben sollte. [...]

Gott sagte: Wenn die Gläubigen den Kampf gegen die Ungläubigen aufnehmen, werden sich die Gläubigen daran erinnern, dass Gott ihnen beisteht und dass sie siegen werden. [...] Vertraue darauf, dass Gott den Gläubigen stets beisteht und die Engel dich beschützen, obwohl du davon nichts bemerkst. Bete, dass du tust, was Gott dir aufgetragen hat. Bete, dass du es tust, weil der Ungläubige den wahren Gott nicht erkennt und du nichts mit ihm zu tun hast. [...]

Alle westlichen Zivilisationen, die ihre Macht genießen, sind in ihrem Inneren sehr schwach. So habe keine Angst und keine Furcht, wenn du ein Gläubiger bist, denn Gläubige fürchten nur Gott den Allmächtigen, der die Macht über alles innehat. Gläubige glauben in dem Vertrauen, dass der Ungläubige am Ende besiegt wird. [...]

Wenn du im Flugzeug bist, sobald du das Flugzeug betrittst, solltest du zu Gott beten, denn jeder, der zu Gott betet, wird gewinnen, denn du tust dies für Gott. Wie der allmächtige Prophet sagt, ist eine Tat für Gott besser als die ganze Welt und alles auf der Welt. [...] Dies ist die Stunde, in der du Gott treffen wirst, und bete zu Gott, wie Gott es in seinem Buch gesagt hat: Gott hilf mir, dies zu tun, und lass uns über die ungläubigen Nationen siegen. [...] Und wie der Prophet Mohammed – Gott segne seine Seele – sagte, Gott besiege sie und lass uns siegen und die Ungläubigen niederschlagen und sie ihre Köpfe senken lassen. [...]

Der Spiegel Nr. 40/2001 vom 1. Oktober 2001, S. 36 f.

M8 Der Glaube als Legitimation?

Kaum ein religionswissenschaftliches Thema ist in der Öffentlichkeit so sehr umstritten wie das über den Zusammenhang zwischen dem Koran und dem Terrorismus. Es finden sich im Koran sowohl Verse, die eher zum Frieden zwischen den Religionen aufrufen, als auch solche, die das Schwert gegen Andersgläubige erheben. Erschwert wird die Koranalyse zudem durch unterschiedliche Übersetzungen.

Alle Islamwissenschaftler stimmen darin überein, dass Mohammed die verschiedenen Passagen des Korans schrittweise über einen Zeitraum von 23 Jahren offenbart wurden. In den ersten Jahren überwiegen die geistlichen Themen. In dieser Zeit nahmen nur wenige Menschen die Lehren Mohammeds an, sodass er eine eher kooperative Haltung gegenüber den Ungläubigen einnahm, da er nicht über die notwendige Macht verfügte, sich mit ihnen auf Streit einzulassen. Zwei häufig zitierte Koranverse belegen das: „Es soll kein Zwang sein im Glauben" (Sure 2:256). Und in Sure 29:46 heißt es: „Und streitet nicht mit dem Volk der Schrift, es sei denn in der besten Art, [...] denn unser Gott und euer Gott ist Einer; und Ihm sind wir ergeben". Danach sollen Muslime niemanden zwingen, einen anderen Glauben anzunehmen, und sich nicht mit dem Volk der Schrift – Juden und Christen – über Religion streiten.

Nachdem Mohammed nach Medina gezogen und zu einem erfolgreichen politischen Führer geworden war, ließ seine Toleranz gegenüber Nicht-Muslimen deutlich nach. Die Offenbarungen aus dieser Zeit geben neue Leitlinien über den Umgang mit Nicht-Muslimen vor. Eine der wichtigsten Offenbarungen ist als „Schwertvers" bekannt: „Und wenn die verbotenen Monate verflossen sind, dann tötet die Götzendiener, wo ihr sie trefft, und ergreift sie, und belagert sie, und lauert ihnen auf in jedem Hinterhalt" (Sure 9:5). In einer weiteren Sure wird erklärt, dass Christen und Juden eine besondere Steuer (Zakat) entrichten und sich der islamischen Autorität unterwerfen müssen (Sure 9:29). Das Ziel war es nun, die ganze Welt dem Islam untertan zu machen: „Und kämpfet wider sie, bis keine Verfolgung mehr ist und aller Glaube auf Allah gerichtet ist. Stehen sie jedoch ab, dann, wahrlich, sieht Allah sehr wohl, was sie tun" (Sure 8:39). Mohammed machte deutlich, dass Allah den Muslimen das Schwert in die Hand gegeben habe, um den Glauben zu verbreiten. In der Hadith heißt es dazu: „Ich hörte den Gesandten Allahs sagen, mir ist von Allah befohlen worden, dass ich die Menschen solange bekämpfe, bis sie sagen: ‚Kein Gott ist das außer Allah', und ich bin sein Gesandter. Und wer dies sagt, rettet sich und sein Geld" (Al-Nisal, Bd. 3, Teil 6, Seite 5, Hadith Nr. 3087). Die Muslime griffen viele Länder in Asien, Afrika und Europa an, z. B. Spanien. Wenn die Menschen sich dem Islam unterwarfen, wurden sie toleriert. Wenn nicht, wurden sie vom islamischen Reich gewaltsam unterdrückt. Daran wird deutlich, warum islamische Extremisten glauben, dass sie den Lehren des Islam folgen, wenn sie den Heiligen Krieg führen.

Mark A. Gabriel: Der Islam ist in Schwierigkeiten. Die Offenbarungen Mohammeds, in: Das Parlament vom 4. September 2006, S. 16

Maßnahmen zur Terrorismusbekämpfung

Zu unterscheiden sind Maßnahmen, die die Ursachen des Terrorismus strukturell zu bekämpfen versuchen, von solchen, die lediglich die Anschläge an sich verhindern, ohne an die Wurzeln des Problems zu gehen. Zu letzteren zählen alle innenpolitischen Maßnahmen zur Steigerung der inneren Sicherheit: schärfere Sicherheitskontrollen, strengere Einreisebestimmungen, stärkere Beobachtung verdächtiger Gruppierungen durch Polizei und Verfassungsschutz, Trockenlegen der Finanzquellen von Terrororganisationen usw.

M9 Drei Ebenen der Terrorismusbekämpfung

Abb. 23.1: *Harald Müller*

Harald Müller ist Politikwissenschaftler an der Universität Frankfurt am Main und leitet die Hessische Stiftung für Friedens- und Konfliktforschung (www.hsfk.de).

Um den Terrorismus wirksam bekämpfen zu können, ist es nötig, seine Ursachen zu verstehen. Nur wenn die Bedingungen terroristischer Motivationen, die Menschen in solche Wahnsinnstaten wie am 11. September treiben, genau ins Blickfeld genommen werden, lassen sich Instrumente der Terrorismusbekämpfung definieren und einander zuordnen. Dabei ist es sinnvoll, sich diese Bedingungen als in drei konzentrischen Kreisen angeordnet vorzustellen. Am weitesten gespannt sind allgemeine soziale und kulturelle Bedingungen, die eine Stimmung allgemeiner Unzufriedenheit schaffen, ohne die der Nachwuchs an terroristischen Rekruten nicht möglich wäre. Sodann folgen Faktoren politischer und religiöser Mobilisierung, welche die Richtung der Aktivität festlegen und die Intensität des Engagements formen. Der Sprung über die letzte Hemmschwelle der Gewaltbereitschaft verlangt schließlich besondere individuelle, mitunter psychologisch bedingte Motivationen. [...]

Bei allem, was zur Verminderung der terroristischen Gefahr auf internationaler Ebene zu tun ist, muss das Ziel klar sein: den Terrorismus durch eine Stärkung des internationalen Rechts einzudämmen. Dies stellt insbesondere strenge Anforderungen an die Umstände, unter denen militärische Mittel eingesetzt werden, und an die Art und Weise dieses Einsatzes. [...]

Im Vordergrund der politischen Debatte steht gegenwärtig der militärische Gegenschlag, der „War on Terror". Es ist selbstverständlich, dass Militäraktionen nicht nur ein höchst eingeschränkter Teil einer vernünftigen und zum Ziel führenden Anti-Terrorismus-Politik sind, sondern überdies nur unter bestimmten Bedingungen überhaupt nützlich, sonst aber im Gegenteil schädlich und eskalierend sein können. Trotz dieser Einschränkungen überzeugen die hierzulande

Abb. 23.2: *„Arbeiten am Schutzwall"*

gelegentlich geäußerten Meinungen nicht, eine militärische Aktion könne nie und auf keinen Fall Instrument der Terrorbekämpfung sein und widerspräche prinzipiell dem Ziel, die Terroristen „der Gerechtigkeit zuzuführen", also einer rechtsförmigen und damit zivilen Verfolgung zu unterwerfen. Zum einen muss man berücksichtigen, dass Ausbildungslager, Schutzverbände der terroristischen Führer sowie die Streitkräfte eines Staates, der Terroristen Unterschlupf gewährt, alles militärische Strukturen sind, denen mit den Organen der zivilen Strafverfolgung nicht beizukommen ist. Zum anderen ist auch daran zu erinnern, dass die juristische Ahndung von Verbrechen gegen die Menschlichkeit häufig erst durch den Einsatz militärischer Mittel möglich wurde: Der Nürnberger Prozess oder das Den Haager Strafgericht gegen Verbrechen im früheren Jugoslawien sind hierfür Beispiele. [...]

Terroristen brauchen Ressourcen. Das Geld muss irgendwoher kommen, irgendwo liegen, von irgendwo aus verteilt werden. Den Mittelfluss zu stoppen ist eine vorrangige Aufgabe. Auch hier gibt es bereits eine brauchbare Handhabe: die Konvention für die Unterdrückung der Finanzierung von Terrorismus, die von der UNO-Vollversammlung 1999 verabschiedet wurde, seither aber nur zögerlich ratifiziert worden ist. Sie verpflichtet Staaten zum weitgehenden Informationsaustausch und zur Ermittlung von Finanzströmen, die dem Terrorismus zufließen könnten, und rechtfertigt – streng auf diesen Zweck begrenzt – hierfür auch Eingriffe in das Bankgeheimnis. Eine Kampagne zur zügigen Ratifikation dieses Rechtsinstruments und zu seiner schnellen und wirksamen Umsetzung ist gerade angesichts des Netzwerkcharakters des globalen Terrorismus dringend angeraten.

Wie von Geld muss man die Terroristen auch von ihren tatsächlichen oder potenziellen Schutzmächten abschneiden. Sie tun sich viel schwerer, wenn sie keine Möglichkeiten zum gemeinsamen Training, zum Ruhen, Planen, Propagieren usw. haben. Nur durch die Duldung oder den aktiven Schutz gleich gesinnter Machthaber in Staaten wächst dieser Terrorismustyp zur realen Gefahr heran. Wenn ein Staat die aktive Planung von Angriffen auf das Territorium anderer Länder duldet oder gar logistisch unterstützt, macht er sich eines Friedensbruchs schuldig. Selbstverteidigung nach Artikel 51 der UNO-Charta kann dann ebenso gerechtfertigt sein wie Maßnahmen des Sicherheitsrats nach Kapitel VII, welche wirtschaftliche Sanktionen oder militärische Aktionen einschließen können. [...]

Der zweite Pfeiler einer Politik, die auf die Austrocknung des fruchtbaren Bodens für den Terrorismus zielt, ist nicht weniger als die Entwicklung einer Weltsozialpolitik. Zum einen müssen die reichen Länder den Menschen in den benachteiligten Regionen der Welt, die besondere Schwierigkeiten haben, mit den Folgen der Globalisierung fertig zu werden, den Eindruck vermitteln, dass sie ehrliche Anstrengungen unternehmen, deren Lage zu bessern. Die Ideologie, dass eine unflankierte Liberalisierung zwangsläufig die Wohlfahrtssteigerung nach sich zieht, hat sich ebenso wenig bewährt wie der Staatssozialismus. [...]

Das dritte Element ist der interkulturelle Dialog. Die Fremdheit zwischen dem Westen und der islamischen Welt ist immer noch groß. Die Feststellung, dass der „Kampf der Kulturen" nicht stattfindet, bedeutet nicht, dass zwischen Westlern und Moslems nicht eine Vielzahl von Differenzen, von Unkenntnis, Missverständnissen, Fehlwahrnehmungen und Vorurteilen herrscht. Der Dialog muss jetzt über Spezialisten oder Experten hinaus auf eine breitere Basis gestellt werden. Nur so ergibt sich die Chance, in die Tiefe der jeweiligen [Gesellschaften] zu wirken. Vielleicht ist der Aufbau von Gemeindepartnerschaften, in denen der europäische Partner auch zu materieller Hilfe bereit ist, eine Möglichkeit, einen solchen Dialog auf eine gesellschaftliche Basis zu stellen. Anstrengungen vonseiten der Kirchen, aber auch der Politik empfehlen sich als weitere Ebenen eines solchen Dialogs. Als der stärkere Partner und angesichts seiner historischen Erblast fällt dem Westen hier eine größere Bringschuld zu. Ganz ohne Pflicht ist aber auch die muslimische Welt nicht. Das Bild des religiösen Islam im Westen wird durch militante Geistliche geprägt, die ihre fanatisierten Anhänger zum „Heiligen Krieg" aufstacheln. Eine eindeutige, öffentliche, unmissverständliche Kampagne, unterstützt von den besten muslimischen Autoritäten, sollte klarstellen, dass Denk- und Handlungsweise der Terroristen mit den Lehren des Koran unvereinbar ist und sich die Täter außerhalb der Umma, der Gemeinschaft der Gläubigen, stellen.

Harald Müller: Verbrecher sind keine Krieger, in: Frankfurter Rundschau vom 17. Oktober 2001

Sechs Thesen über den Terrorismus:

- Terrorismus ist eine Art „privatisierte" Gewalt.
- Terrorismus ist eine neue Form des Krieges.
- Terrorismus ist die Waffe der Armen und Schwachen gegen die Reichen und Mächtigen.
- Terrorismus ist Werbung für den Hass.
- Der Terrorist der einen ist der Freiheitskämpfer der anderen.
- Terrorismus ist militärisch nicht zu besiegen.

ARBEITSAUFTRÄGE

1. *Stellen Sie Koranverse, die eher zum Frieden aufrufen, und solche, die zu Gewalt aufzurufen scheinen, gegenüber!*
2. *Beschreiben und interpretieren Sie die Karikatur, Abb. 23.2!*
3. *Auf welchen Ebenen müsste von wem und wie zur Terrorismusbekämpfung angesetzt werden? Beziehen Sie kritisch Stellung zu diesen Vorschlägen! (M 9)*
4. *Beschreiben Sie die Rolle der Medien in der Strategie der Terroristen!*
5. *Erklären Sie die nebenstehenden Thesen! Welchen stimmen Sie zu, welchen eher nicht und warum?*
6. *Nehmen Sie Stellung zu der These, dass die Attentäter des 11. September 2001 ihre Ziele erreicht hätten!*

1.3 „Alte" und „neue" Kriege

M 1 Neues vom Chamäleon Krieg

Abb. 25.1: Herfried Münkler

Herfried Münkler ist Politikwissenschaftler und Professor für Theorie der Politik an der Humboldt-Universität in Berlin.

Dass der klassische Staatenkrieg, der in älteren Geschichtsbüchern so viel Platz eingenommen hat, ein historisches Auslaufmodell sei, mag vor zwei Jahrzehnten noch eine hochriskante Prognose gewesen sein; inzwischen gehört diese Feststellung zum festen Repertoire der Voraussagen für das 21. Jahrhundert. Damit ist nicht gesagt, dass es überhaupt keine zwischenstaatlichen Kriege mehr geben werde, aber die Grundzüge des politischen Geschehens wird dieser Kriegstyp kaum noch beeinflussen. Schon seine Vorbereitung, geschweige denn seine Führung ist schlichtweg zu teuer geworden. Die Sowjetunion und ihre Verbündeten sind nicht zuletzt daran zugrunde gegangen, dass sie in der Konkurrenz mit dem Westen zu viel in Rüstung und zu wenig in wissenschaftliche und technologische Entwicklung investierten. Die Chinesen versichern, daraus gelernt zu haben und klug genug zu sein, sich ihrerseits nicht auf einen ruinösen Rüstungswettlauf mit den USA einzulassen.

[...] An die Stelle der Staatenkriege sind transnationale Kriege getreten, solche also, in denen supra- wie substaatliche Akteure die entscheidende Rolle spielen, von regionalen Warlords bis zu globalen Netzwerken, die Geldtransfers organisieren, um einen Konflikt am Köcheln zu halten. In diesen Kriegen, zu denen jene im Kongo, in Somalia und in Afghanistan gehören, können auch Staaten gelegentlich eine Rolle spielen, aber das Heft des Handelns haben sie nicht in der Hand. Ginge es nach den beteiligten Staaten, so würden diese Kriege schnell beendet. Das aber liegt nicht unbedingt im Interesse der anderen Akteure, die von der Fortdauer dieser Kriege zum Teil erheblich profitieren. Schon daran, dass diese Kriege zehn, wenn nicht zwanzig Jahre dauern, kann man sehen, wer in ihnen das Sagen hat.

[...] In den neuen Kriegen an der Peripherie der Wohlstandszonen sind wir [...] seit einiger Zeit mit einer dramatischen „Verbilligung" des Kriegsgeschehens konfrontiert, in deren Gefolge Akteure kriegführungsfähig geworden sind, an die man zuvor nicht im Entferntesten gedacht hätte. Die technologische Entwicklung des militärischen Großgeräts und der Aufbau einer stabilen Staatlichkeit sind voneinander entkoppelt bzw. spielen bei der Herstellung von Kriegführungsfähigkeit keine Rolle mehr. Kriegführungsfähig ist, wer über ein paar Millionen Dollar verfügt. Selbstverständlich haben diese Kriegsakteure keine Luftwaffe, auch keine Luftabwehr, schon gar nicht eine Kriegsmarine, und in der Regel verzichten sie gänzlich auf den Einsatz militärischen Großgeräts. Stattdessen bewaffnen sie Jugendliche mit Handfeuerwaffen und machen sie mit Pick-ups mobil. Werden diese Pick-ups noch mit schweren Maschinengewehren oder leichten Raketenwerfern bestückt, so stellen sie in den meisten Kriegsgebieten einen beachtlichen Faktor dar, zumal dann, wenn sie nicht gegen reguläre Streitkräfte kämpfen, sondern die Zivilbevölkerung drangsalieren.

[...] Der klassische Staatenkrieg war von Anbeginn an mit der Idee seiner Vermeidbarkeit und der Perspektive seiner Abschaffbarkeit versehen. Dies trifft für die neuen Kriege nicht zu, weil in ihnen Akteure eine Rolle spielen, für die der Umstand, dass der Krieg mehr kostet als einbringt, vernachlässigbar ist. Tatsächlich lohnt sich für viele von ihnen der Krieg, weil sie die Gewinne privatisieren und die Verluste sozialisieren können: Die Nummernkonten der Warlords und ihrer logistischen Helfer sind prall gefüllt, während sie die verminten Felder, die zerstörte Infrastruktur, die verstümmelten Menschen nicht auf ihrer Rechnung haben.

Das eben war einer der entscheidenden Effekte bei der Verstaatlichung des Krieges: dass auf längere Sicht die über den Krieg Entscheidenden und die seine Lasten Tragenden identisch oder doch, so Kants Vorschlag in der Schrift „Vom ewigen Frieden", identisch zu machen waren. Das ist in den neuen Kriegen prinzipiell unmöglich, und allein das rechtfertigt, hier von neuen Kriegen zu sprechen. Richtig ist dagegen, dass der Dreißigjährige Krieg in Mitteleuropa von 1618 bis 1648, also der letzte große Krieg vor dessen Verstaatlichung, so etwas wie die Blaupause vieler neuen Kriege an der Peripherie der Wohlstandszonen darstellt: Vom machtpolitischen Konflikt um die böhmische Krone an seinem Anfang über die religionspolitische Aufladung durch die Konfrontation von Reformierten und Katholiken und die zentrale Rolle selbstständiger Kriegsunternehmer, von denen Wallenstein bloß der bekannteste ist, bis zu den Interventionen äußerer Mächte, die aus Gründen der Glaubenssolidarität, aber auch aus solchen der Staatsräson erfolgten. Derlei lässt sich in Afghanistan, Somalia sowie im östlichen Kongo – zuvor in Angola, inzwischen in Darfur – in ähnlicher Form beobachten. Aber es gibt einen entscheidenden Unterschied: Die Kriegführung des 17. Jahrhunderts beruhte im Wesentlichen auf einer geschlossenen Kriegsökonomie, und als die Länder, in denen der Krieg geführt wurde, verheert und die Vorräte verzehrt waren, entwickelte sich schließlich selbst bei den Soldaten eine große Friedenssehnsucht. Wo es nichts mehr zu plündern und zu rauben gibt und an eine geregelte Versorgung der Truppen aus rückwärtigen Depots nicht zu denken ist, hat der Krieg seine Attraktivität verloren. Das ist in den neuen Kriegen anders, denn ihre Kriegsökonomie ist über die Schattenkanäle der Globalisierung an die prosperierende Friedensökonomie der Wohlstandszonen angeschlossen, von wo ihr permanent neue Ressourcen zufließen. In der Regel handelt es sich um als illegal zertifizierte Güter wie auch um Menschen, mit denen diese Kriege finanziert werden: Rauschgift, Gold, Diamanten oder Edelhölzer. Auch der Handel mit Frauen für die Bordelle der reichen Länder gehört inzwischen dazu. Die zeitweilig verfolgte Idee, man könne diese Kriege mit Hilfe von Embargos zum Erliegen bringen, ist inzwischen wieder aufgegeben worden: Embargos verfehlen fast immer die Kanäle der Schattenglobalisierung, über die Warlords und organisierte Kriminalität sich verbündet haben, und wo sie doch greifen, treffen sie Kinder und Alte, aber nicht diejenigen, die Krieg führen, weil sie davon profitieren.

Abb. 26.1: Flüchtlingscamp in Darfur

[...] im Falle des Krieges hat der Staat Ordnung durch Grenzziehung geschaffen. Die bei den hier in Frage stehenden Problemen wichtigste Grenze ist die zwischen Krieg und Frieden selbst. Es gehört zu den Grundirrtümern des politischen Denkens, beides für gleichsam natürliche Zustände zu halten, und selbst der Krieg ist, entgegen den Interpretationen mancher Vertragstheoretiker, nicht mit dem Naturzustand identisch - jedenfalls nicht der Staatenkrieg. Vielmehr ist der Naturzustand, wie etwa Thomas Hobbes ihn beschrieben hat, ein Zustand zwischen Frieden und (Staaten-) Krieg, und nur weil Frieden der normativ höhere Zustand ist, ist der Naturzustand näher beim Krieg. Aber indem der Staat Krieg und Frieden durch Rechtsakte, wie Kriegserklärung und Friedensschluss, präzise voneinander trennte, hat er beides erheblich intensiviert: Der Frieden wurde verlässlich, während der Krieg mit einer bis dahin unbekannten Härte geführt wurde. Genau dies ist bei den neuen Kriegen nicht der Fall: Nicht nur, dass Kriege kaum noch erklärt werden und Friedensschlüsse selten geworden sind (an ihre Stelle sind Friedensprozesse getreten), sondern die Kriege haben Intensität gegen Dauer getauscht, weswegen verschiedentlich auch von → **low intensity conflicts** gesprochen wird. Die neuen Kriege gleichen eher Schwelbränden als hell auflodernden Feuern. Das hat sicherlich auch mit den veränderten ökonomischen Rahmenbedingungen zu tun, von denen bereits die Rede war, vor allem aber damit, dass der Staat als Grenzzieher zwischen Krieg und Frieden in den neuen Kriegen nicht mehr die entscheidende Rolle spielt.

[...] Die Kriege, die sich [außerhalb Europas anstelle des Staatenkrieges] entwickelten, waren und sind dadurch gekennzeichnet, dass sie das in Europa sorgfältig voneinander Getrennte, nämlich Staaten- und Bürgerkrieg, zusammenbrachten und miteinander vermischten. Die Folge dessen war eine Verminderung ihrer Intensität und eine Verlängerung ihrer Dauer. Diese Vermischung von zwischenstaatlichem und innergesellschaftlichem Krieg war mitsamt ihren weitreichenden Folgen jedoch leicht zu übersehen, solange man diese Kriege mit dem Ost-West-Konflikt in Verbindung bringen und als „Stellvertreterkriege" begreifen konnte. So konnte man glauben, sie würden mit dem Ende des Ost-West-Konflikts gleichsam von selber erlöschen, und vor allem musste man sie nicht im Hinblick darauf untersuchen, ob hier möglicherweise etwas die bisherige Ordnung von Krieg und Frieden Umstürzendes entstand. Aber genau das war der Fall, wobei freilich das Neue nicht im Eintritt in ein neues und höheres Ordnungssystem, sondern nur in der Auflösung der alten Ordnung bestand. Wie in der Retrospektive leicht zu erkennen ist, war es das Typische dieser Kriege, dass sie sowohl Elemente des Staaten- als auch solche des Bürgerkriegs enthielten. Inzwischen spricht man deswegen auch von „transnationalen Kriegen", was jedoch begrifflich eine Ordnung suggeriert, die in der Realität kaum zu erkennen ist. Jedenfalls soll damit zum Ausdruck gebracht werden, dass es sich dabei weder um klassische Staaten- noch um typische Bürgerkriege, sondern um eine Mischung aus beidem handelt.

Was den klassischen Staatenkrieg charakterisierte, war seine Festlegung auf eine Ordnung der Trennungen, die mit der Unterscheidung von Krieg und Frieden ihren Anfang genommen hat. Diese Ordnung beruhte auf einem Prinzip, das man heute als „binäre Codierung" bezeichnen würde: entweder das eine oder das andere, ein Drittes gibt es nicht. In diesem Sinne wurde für den Staatenkrieg ein Kriegsrecht entwickelt, das rechtlich zulässige Gewaltanwendung von kriminellen Gewaltakten unterschied und schließlich sehr präzise Trennlinien zwischen Kombattanten und Nonkombattanten festlegte. Gewalt durfte nur gegen Kombattanten angewandt werden, und auch das nur, solange diese am Kombattantenstatus festhielten. So wurde nicht nur die Zivilbevölkerung von der Kriegsgewalt ausgenommen, sondern auch die Kapitulation der Soldaten als ein Überwechseln in den Status des Nonkombattanten definiert. Dass diesen kriegsrechtlichen Bestimmungen in den zwischenstaatlichen Kriegen keineswegs immer Rechnung getragen wurde, kann kaum bestritten werden, aber sie bildeten doch den normativen Rahmen, in dem der Krieg geführt wurde. Demgegenüber besaßen alle diese Bestimmungen in einem Bürgerkrieg keine Geltung und damit auch nicht die Unterscheidung zwischen Kombattanten und Nonkombattanten. Gerade deswegen wurde der Bürgerkrieg auch als das unter allen Umständen zu Vermeidende begriffen.

Von unzähligen Beobachtern sind die neuen Kriege an der Peripherie der Wohlstandszonen als besonders grausam beschrieben worden. Übereinstimmung herrscht jedenfalls darin, dass in ihnen weitaus mehr Nonkombattanten als Kombattanten getötet werden. Immer wieder wird darüber hinaus von Verstümmelungen getöteter oder verwundeter Gegner und in Verbindung damit von der Trophäisierung abgetrennter Körperteile berichtet. Vor allem aber sind Massenvergewaltigungen zu einem permanenten Begleiter dieser Formen der Gewaltanwendung geworden – von Bosnien bis Ruanda und inzwischen Darfur. Selbstverständlich hat es auch in früheren Kriegen Vergewaltigungen gegeben, selbstverständlich auch im Staatenkrieg, wo sie jedoch im Militärstrafgesetzbuch unter strenge Strafe gestellt und in der Regel auch konsequent verfolgt wurden. Genau das ist in den neuen Kriegen nicht der Fall: Die Praxis der Vergewaltigung ist hier zu einem systematischen Mittel der Kriegsführung geworden – sei es, dass sie als Anreiz für den Kampfeswillen der jungen Männer und Jugendlichen gebraucht und als „Belohnung" nach dem Kampf eingesetzt wird, sei es, dass sie als Instrument bei der großflächigen Vertreibung der Bevölkerung, also einer Politik der „ethnischen Säuberungen" dient.

Die neuen Kriege sind also vor allem dadurch gekennzeichnet, dass in ihnen sämtliche Begrenzungs- und Regulationsmechanismen fehlen, die im Rahmen der klassischen Staatenkriege entwickelt worden sind – von der Begrenzung der Kriegsdauer durch das Versiegen der Ressourcen, die zur Weiterführung des Krieges vonnöten sind, bis zu den ethischen und rechtlichen Selbstbindungen, die von der Idee der Ritterlichkeit bis zur → **Haager Landkriegsordnung** und den → **Genfer Konventionen** reichen. [...] Kulminierte der klassische zwischenstaatliche Krieg in der Schlacht, so ist deren Rolle in den neuen Kriegen auf das Massaker übergegangen. Die Schlacht ist eine blutige Konfrontation von Kombattanten mit dem Ziel des Sieges, der den Krieg beendet. Das Massaker dagegen ist die buchstäbliche Vernichtung von Nonkombattanten, die auf den operativen Fortgang des Krieges in der Regel keinen Einfluss hat, sondern allenfalls als ein in der Weltöffentlichkeit ankommendes Signal fungiert, dass ein ansonsten „vergessener" Krieg fortdauert.

Wie lassen sich solche Kriege, die offenbar über keinerlei innere Stoppmechanismen verfügen, beenden? In den 1990er Jahren herrschte zeitweilig eine regelrechte Interventionseuphorie, die sich auf die Vorstellung gründete, den überlegenen Interventionstruppen könne ohnehin kein relevanter Widerstand entgegengesetzt werden, ihnen gelte die Sympathie der Bevölkerung, eigentlich komme es nur darauf an, die offene Gewaltanwendung zu blockieren und die Anführer der Kriegsparteien entweder festzunehmen oder in eine Koalitionsregierung hineinzuzwingen – und dann nach einer Interventionsdauer von einigen Monaten wieder abzuziehen. Inzwischen wissen wir, dass solche Einsätze sich über Jahre und nicht selten über mehr als ein Jahrzehnt hinziehen, in einigen Fällen von Guerillaaktionen oder Terroranschlägen gegen die Interventionsmächte begleitet werden und häufig nur den Effekt haben, dass die vorher offenen Warlordstrukturen sich in kriminelle Netzwerke verwandeln, die sich nur so lange nicht offen gegen die Interventen richten, wie diese sie bei ihren Geschäften nicht stören. Unter diesen Umständen muss man davon ausgehen, dass beim Abzug der auswärtigen Truppen die Gewalt recht bald wieder aufflackern wird.
Weil in den neuen Kriegen Friedensschlüsse nach herkömmlichem Muster nicht möglich sind bzw. keine Bindewirkung entfalten, spricht man inzwischen von Friedensprozessen, in denen ein langwieriger und schrittweiser Übergang vom Krieg zum Frieden organisiert und moderiert werden soll. Solche Friedensprozesse sind mit militärischen Mitteln allein nicht zu organisieren, sondern hängen an einem Zusammenspiel militärischer und ziviler Komponenten, das von Fall zu Fall eigens komponiert werden muss. Das Problem dabei ist die zumeist unbeantwortet bleibende Frage, wer für diese Komposition verantwortlich zeichnet. So agieren die militärischen Interventionskräfte und die zahllosen humanitären Organisationen oftmals nebeneinander, und gelegentlich behindern und stören sie sich dabei auch gegenseitig. Das Dilemma besteht darin, dass Friedensprozesse einen deutlich größeren Koordinationsbedarf haben als Friedensschlüsse, dafür aber selten die entsprechenden Kompetenzen und Fähigkeiten zur Verfügung stehen. An der Klärung von Kompetenzen und der Schulung von Fähigkeiten müssen potenzielle Interventionsmächte arbeiten, wenn sie zukünftig bessere und schnellere Ergebnisse erzielen wollen. Obendrein ist zuletzt mehrfach darauf hingewiesen worden, dass für den Erfolg pazifizierender und stabilisierender Interventionen vor allem die sozialen und kulturellen Kompetenzen der Soldaten ausschlaggebend sein dürften – und keineswegs bloß das Ausmaß, in dem sie potenziellen Gegnern im Hinblick auf Ausbildung und Ausrüstung überlegen sind.

Im Übrigen hat sich inzwischen in den westlichen Ländern eine dezidierte Interventionsunlust breit gemacht, die sich aus den hohen Kosten und dem geringen Erfolg solcher Interventionen speist. Man ist, wie das Beispiel Darfur zeigt, wieder in hohem Maße geneigt, diese Kriege sich selbst zu überlassen – mit der Folge, dass sie entweder in einem Völkermord münden oder als low intensity conflicts tendenziell endlos weitergehen. Jedenfalls ist die Zeit eines medial angetriebenen Interventionismus, in dem durch die Bilder des Grauens die Bereitschaft zu humanitären Interventionen beeinflusst wurde, inzwischen vorbei. Zumindest die erste Hälfte des 21. Jahrhunderts wird darum durch diese „neuen Kriege" geprägt sein.

Herfried Münkler: Neues vom Chamäleon Krieg, in:
Aus Politik und Zeitgeschichte, Beilage zur Wochenzeitung
Das Parlament, vom 16. April 2007, S. 142 ff.

ARBEITSAUFTRÄGE

1. *Erklären Sie, warum zwischenstaatliche Kriege im 21. Jahrhundert – laut Münkler – unwahrscheinlich geworden sind!*
2. *Stellen Sie die Merkmale der konventionellen Staatenkriege und der „neuen" Kriege tabellarisch gegenüber! Berücksichtigen Sie dabei folgende Faktoren: Beteiligte Akteure, Beispiele für typischerweise eingesetzte Waffen, Trennung von Krieg und Frieden, Finanzierung des Krieges und die Form der Kriegsführung!*

1.4 Bilder des Krieges – Krieg der Bilder
Die Rolle der Medien in Krieg und Außenpolitik

M1 Kriegsberichterstattung in der Mediengesellschaft

Dr. phil. Martin Löffelholz, geb. 1959, ist Professor an der TU Ilmenau und dort Leiter des Fachgebiets Medienwissenschaft sowie der Internationalen Forschungsgruppe Krisenkommunikation.

Es war ein wichtiger Tag für Bundesregierung, Verteidigungsministerium und Bundeswehr: Das „Weißbuch 2006" sollte deutschen und internationalen Medienvertretern in einer aufwändig vorbereiteten Pressekonferenz vorgestellt werden. Relevant ist das Thema: Immerhin beschreibt das Weißbuch, erstmals wieder seit 1994, wesentliche Ziele der deutschen Sicherheitspolitik und Perspektiven für die Bundeswehr.

Es war also nicht verwunderlich, dass Verteidigungsminister Franz Josef Jung und Generalinspekteur Wolfgang Schneiderhan den Medienleuten das neue Weißbuch an jenem 25. Oktober 2006 persönlich erläutern wollten, gleich nachdem es im Stauffenberg-Saal des Verteidigungsministeriums vom eigens angerückten Bundeskabinett verabschiedet worden war. Doch dann kam alles ganz anders.

Wenige Stunden vor der Pressekonferenz veröffentlichte die auflagenstärkste deutsche Boulevard-Zeitung skandalöse Bilder deutscher Soldaten, die während eines Einsatzes in Afghanistan mit einem Totenschädel hantierten. Die im Weißbuch dokumentierte Neuausrichtung der deutschen Sicherheitspolitik, die Wochen später eine Strafanzeige des Vereins „Aachener Friedenspreis" gegen Kanzlerin Angela Merkel und Verteidigungsminister Jung provozierte, interessierte die Journalisten in der Pressekonferenz nicht mehr. Stattdessen ging es ausschließlich – und live übertragen – um die Konsequenzen der „Totenschädel-Affäre". Auf eine einfache Formel gebracht: Emotion statt Reflexion, Dramatik statt Routine, Personen statt Prozesse, Ereignisse statt Hintergründe, Simplizität statt Komplexität – das ist der Preis der Mediengesellschaft.

Höhere Ansprüche an sicherheitspolitische Kommunikation

[...] Wie prägt das sicherheits- und verteidigungspolitische Management von Kommunikation die Krisenberichterstattung? Können Journalistinnen und Journalisten Kriege unabhängig beschreiben – trotz Zensur, PR-Kampagnen, Ereignisinszenierung und eingebettetem Journalismus (→ **embedded journalism**)?
Wie beeinflusst die Kriegsberichterstattung sicherheitspolitische Entscheidungen? Können Medien den Verlauf gewaltsamer Konflikte beeinflussen, also etwa Regierungen dazu bewegen, kriegerische Auseinandersetzungen zu beginnen – oder zu beenden?

Professionalisierung des Kommunikationsmanagements

Gezielten politischen Einfluss auf den Journalismus nahmen bereits die Gründerväter der USA: Durch für Medien inszenierte Pseudo-Ereignisse – wie die „Boston Tea Party" (1773) – versuchten sie (wie wir heute wissen: erfolgreich), die Briten zum Feind zu stilisieren und damit die öffentliche Meinung auf den Unabhängigkeitskrieg (1775–1783) einzustimmen. Eine differenzierte staatliche Struktur zur Instrumentalisierung der Medien entwickelte sich jedoch erst im Ersten Weltkrieg (1914–1918) – exemplifiziert etwa durch das in New York angesiedelte British Bureau of Information, das mit rund 500 festen Mitarbeitern und 10 000 Assistenten die öffentliche Meinung in den USA für einen Kriegseintritt gewinnen sollte. Mit der Niederlage der US-Streitkräfte im Vietnamkrieg (1965–1973) erhielten die Public Relations weiteren Auftrieb und wurden zu einem festen Bestandteil der sicherheitspolitischen Kommunikation. Die Unterstellung, der Krieg sei weniger auf dem südostasiatischen Schlachtfeld als auf der nordamerikanischen Medienbühne verloren worden, führte zu einer Professionalisierung der sicherheitspolitischen Kommunikation – zunächst in den USA, später auch in Deutschland.

Abb. 28.1: Karikatur

Auf diese Weise wollen die US-Streitkräfte eine „informationelle Überlegenheit" erreichen: beim Kriegsgegner, bei der Bevölkerung in Einsatzgebieten, aber auch bei den Bürgerinnen und Bürgern im eigenen Land sowie verbündeter Staaten. Die Beeinflussung von Medien gehört dabei zu den bewusst einkalkulierten Zielen.

Entsprechend differenziert erscheinen die Kommunikationsinstrumente, welche die USA zur Durchsetzung ihrer angestrebten Informationsüberlegenheit verwenden – zuletzt vor und während des Irakkrieges. Neben scheinbar neuen Instrumenten wie dem embedded journalism wurden bereits erprobte Maßnahmen zur Einflussnahme auf Medien, Bevölkerung und gegnerische Streitkräfte eingesetzt – von der Zensur über Desinformationskampagnen bis zur vorgeblich sachorientierten Bereitstellung von Bildmaterial und Nachrichten.

Determinieren Public Relations die Kriegsberichterstattung?

Selbstverständlich: Dass sicherheitspolitische Akteure – auch in Demokratien – bemüht sind, ihre Handlungen in einem positiven Licht erscheinen zu lassen und dafür (selten, gelegentlich, oft?) unredliche Mittel einsetzen, kann als gesichert gelten. Darauf verweist die große Zahl lancierter und nachträglich entlarvter Falschinformationen, die in bestimmten historischen Konstellationen gravierende Konsequenzen für Entscheidungen über Krieg und Frieden hatten. Zu nennen sind etwa die von einer PR-Agentur erfundene → **„Brutkastenlüge"** vor Beginn des Zweiten Golfkriegs (1991) oder die von der US-Regierung vorgelegten „Beweise" für Massenvernichtungswaffen vor dem Angriff auf den Irak (2003). Diese Beispiele, so bedenkenswert sie sind, sagen allerdings nur begrenzt etwas darüber aus, welche Organisationen oder Personen unter welchen Bedingungen mit welchen Zielen bei welchen Medien welche Inhalte mit welchen Auswirkungen auf welche Bevölkerungssegmente erreichen. Weder Sicherheitspolitik noch Militär können trotz eines enormen Kommunikationsaufwandes – gerade in den USA – voraussagen, wie Journalisten sich in bestimmten Kriegen oder Krisen verhalten, welche Themen geheim gehalten werden können oder welche Ereignisse mediale Breitenwirkung erzielen. Das zeigte sich beispielsweise im Frühsommer 2004, als Medien Folterbilder aus einem von US-Militärs geleiteten Gefängnis in Bagdad publizierten und damit eine weltweite Debatte auslösten, die das Pentagon sicherlich gern vermieden hätte. [...]

Sicherheitspolitische Effekte der Kriegsberichterstattung

John Shattuck, ehemaliger Vize-Außenminister der Vereinigten Staaten, illustrierte vor einigen Jahren die Folgen eines zunehmend globalen Kommunikationssystems wie folgt: „Die Medien brachten uns nach Somalia und dann wieder hinaus." Diese Einschätzung steht exemplarisch für eine gerade in der US-Politik vertretene Position, nach welcher Nachrichtenmedien einen großen und unmittelbaren Einfluss auf sicherheitspolitische Entscheidungsprozesse ausüben. Tatsächlich entsandte die US-Regierung Anfang der 1990er-Jahre im Rahmen einer UN-Mission Truppen nach Somalia – aufgerüttelt durch dramatische Bilder verhungernder Flüchtlinge. Ein Jahr später bewegten grausame Bilder einer verstümmelten, durch die Straßen von Mogadischu geschleiften Leiche eines US-Soldaten die amerikanische Öffentlichkeit – die USA zogen sich aus Somalia zurück.

Seit das Cable News Network (CNN) zum globalen Nachrichtenlieferanten aufstieg, werden solche Zusammenhänge zwischen Kriegsberichterstattung und politischen Entscheidungen als „CNN-Effekt" bezeichnet. Gemeint ist das Einflusspotenzial des globalen Kriegs- und Krisenjournalismus auf Politik, Diplomatie und Militär. Live-Berichterstattung kann für Streitkräfte in der Tat problematisch werden, wenn der Gegner dadurch beispielsweise Informationen über die eigene Truppenstärke erhält. Angenommen wird des Weiteren, dass die beschleunigte Medienberichterstattung zu einer geringeren Bedeutung traditioneller Diplomatie und zur Herausbildung einer Public Diplomacy führt. Schließlich richten international operierende Medien ihre Aufmerksamkeit auf bestimmte Krisenherde und setzen diese damit möglicherweise erst auf die Tagesordnung politischer Entscheidungsträger.

Der CNN-Effekt unterstellt eine starke kausale Wirkung der globalen Echtzeitberichterstattung auf sicherheitspolitische Prozesse. Diese These eines unilinearen Zusammenhangs von Kriegsberichterstattung und Sicherheitspolitik ist jedoch „angesichts widersprüchlicher empirischer Ergebnisse nicht haltbar bzw. tritt der unterstellte Wirkungsmechanismus nur unter bestimmten Bedingungen ein". Es scheint daher sinnvoller, die Medien nicht als einen die Sicherheitspolitik bestimmenden Faktor anzusehen, sondern vielmehr davon auszugehen, dass Politikgestaltung in einer von Medien geprägten Umgebung stattfindet („Mediengesellschaft") und die Beschleunigung der globalen Krisenberichterstattung zu Veränderungen im politischen Prozess führt. So stellen Medienangebote mittlerweile eine starke Konkurrenz zu klassischen Informationsquellen der Sicherheitspolitik dar, etwa den Botschaften oder den Geheimdiensten. Und der durch die öffentliche Diskussion sicherheitsrelevanter Themen erhöhte Zeitdruck verstärkt die Gefahr überstürzter politischer Entscheidungen.

Neben diesen Veränderungen kommt es in Kriegs- und Krisensituationen unter bestimmten Bedingungen zu einem sprunghaften Popularitätsgewinn staatlicher Institutionen. Der so genannte Rally-Effekt („Rally round the flag") beschreibt eine auffällige, aber vergleichsweise kurzfristige Zunahme der öffentlichen Unterstützung für den Präsidenten, seine Politik, den Kongress und das Militär. Zu erklären ist der Effekt durch die monothematische, möglicherweise auf Instrumentalisierungsabsichten politischer Akteure zurückgehende regierungsfreundliche Aufbereitung kriegsbezogener Ereignisse in der Medienberichterstattung.

Martin Löffelholz: Kriegsberichterstattung in der Mediengesellschaft, in: Aus Politik und Zeitgeschichte 16–17/2007, Bonn 2007

ARBEITSAUFTRÄGE

1. Fassen Sie den Inhalt von M 1 thesenartig zusammen!

2. Beschreiben und interpretieren Sie die Karikatur (Abb. 28.1)!

3. Analysieren Sie Beispiele aktueller Kriegsberichterstattung:
- *die benutzten Techniken,*
- *die verwendeten „Kriegsmetaphern",*
- *sprachliche Auffälligkeiten (z. B. euphemistische Ausdrücke),*
- *die „Wirklichkeit des Krieges", die in den Köpfen der Menschen geschaffen wird!*

2 Konzepte der Konfliktbearbeitung

2.1 Traditionelle Konzepte der Friedenssicherung

Traditionelle Konzepte zur Friedenssicherung beschränken sich in der Regel auf die Vermeidung von zwischenstaatlichen Konflikten, also Staatenkriegen. Hinter ihnen steht die Leitfrage: Wie kann man verhindern, dass Staaten gegeneinander Krieg führen? Entsprechend den verschiedenen Theorien der internationalen Beziehungen existieren verschiedene Ansätze zur internationalen Friedenssicherung, die nicht zuletzt auf unterschiedlichen Menschenbildern beruhen.

M1 Die Idee des Weltstaats

Abb. 30.1: Iring Fetscher

Iring Fetscher (geb. 1922) gehört zu den führenden deutschsprachigen Politikwissenschaftlern. Er studierte Philosophie, Germanistik und Romanistik in Tübingen und Paris. Er lehrte von 1963–1987 an der Universität Frankfurt am Main.

Die Übersicht beginnt mit dem Konzept des Weltstaates, der Universal-Monarchie (Dante), die bis in die Gegenwart hinein immer wieder Anhänger gefunden hat. Es [das Konzept] stellt die denkbar radikalste Lösung dar – wenigstens auf den ersten Blick –, weil mit der Auflösung der souveränen Staaten im Weltstaat Außenpolitik überhaupt überflüssig würde. Die Grenzen dieses Konzepts lassen sich leicht erweisen (Bürgerkriege statt Staatenkriege ...), ganz abgesehen davon, dass es einstweilen wenig Realisierungschancen für sich hat.

Varianten des Weltstaats-Gedankens sind die Welt-Föderation oder der Völkerbundsgedanke, wie ihn Immanuel Kant und der amerikanische Präsident Wilson aufgegriffen haben. Die Vorstellung eines „erzwingbaren" Völkerrechts geht zumindest in die gleiche Richtung, setzt es doch irgendeine internationale Instanz mit der Möglichkeit der Anwendung von Zwang gegen Rechtsbrecher voraus; sie stellt sozusagen die abgeblassteste Variante der Weltstaats-Idee dar.

M2 Balance of Power

Politische Denker, die den souveränen Nationalstaat als unaufhebbare Größe ansahen [...], konnten den Frieden nur als prekären Waffenstillstand zwischen zwei Kriegen ansehen. Sie machten es daher den Regierungen zur Pflicht, sich für den „Ernstfall" zu rüsten. Friedenssicherung kannten sie meist nur in der Form der Stabilisierung des Status quo durch das militärische (später auch ökonomische) Kräftegleichgewicht. Damit haben wir das zweite Modell vor uns: Frieden als (stets gefährdete) Resultante der „Balance of Power". Charakteristisch für die Balance-of-Power-Theorie ist, dass sie vom inneren Zustand der Staaten meist vollständig absieht. Staaten sind für sie [...] rein quantitative Größen, und höchstens insofern innenpolitische Schwierigkeiten zu einer Beeinträchtigung militärischer Schlagkraft führen, werden sie in das Kalkül einbezogen (diese Überlegung war noch für den vom deutschen Generalstab veranlassten „Transport" Lenins durch das Deutsche Reich nach Petrograd – dem heutigen Sankt Petersburg – im Jahre 1917 maßgebend. Die Revolution sollte den internationalen Gegner schwächen).

M3 Frieden durch Freihandel?

Weltfrieden durch Freihandel beruht auf der liberalen Überzeugung, dass der freie Handel zu einem weltweiten Interessenausgleich und weltweiter Interessenharmonie führen und allen im gleichen Ausmaß nützen werde. Als Zielpunkt der Entwicklung wird die Auflösung oder doch das Irrelevant-Werden der staatlichen Grenzen anvisiert, also die Verwandlung der Welt zwar nicht in einen Weltstaat, aber doch in eine freie Welt-Gesellschaft. Aus dieser Überzeugung heraus ist die Bildung der Europäischen Gemeinschaft nach dem Zweiten Weltkrieg zu verstehen, die Frieden nicht zuletzt durch freien Binnenhandel zu erreichen suchte. [...]

Der bedeutendste Demokratie-Theoretiker des 18. Jahrhunderts, Jean-Jacques Rousseau, hat allerdings die Auffassung vertreten, dass eine „gesunde Republik" (wir würden heute sagen eine Demokratie) nur in kleinen, relativ autarken Staaten sich auf Dauer halten kann, weil sie mit dem Geist des Konkurrenzkampfes, den der Freihandel mit sich bringe, unvereinbar sei. Die friedliche Koexistenz der kleinen Republiken beruht daher nach Rousseau gerade nicht auf ihren engen wechselseitigen Handelsbeziehungen, sondern umgekehrt auf ihrer vollständigen wirtschaftlichen (und psychischen) Unabhängigkeit voneinander, auf einer Minimierung der Kontakte, die notwendig zu einer Minimierung der Reibungsflächen führen soll.

M 1, M 2, M 3: Iring Fetscher: Modelle der Friedenssicherung. München 1973, S. 8 ff.

M4 Über mein Notebook

Ende der 1990er-Jahre fiel mir auf, dass keine zwei Länder, in denen es McDonald's-Restaurants gibt, Krieg gegeneinander geführt haben (kleinere Grenzstreitigkeiten und Bürgerkriege ausgenommen). Daraus leitete ich meine Theorie der „Konfliktvermeidung durch die Goldenen Doppelbögen" ab: Sobald ein Land wirtschaftlich so weit entwickelt ist, dass es über eine ausreichend große Mittelschicht verfügte, um eine Kette von McDonald's-Restaurants zu unterhalten, so führt es nicht gern Kriege. Mit dieser Zuspitzung wollte ich veranschaulichen, dass sich Länder, die in das Geflecht globaler Handelsbeziehungen eintreten und in denen der

Abb. 31.1: Karikatur

Lebensstandard (symbolisiert durch die Existenz von McDonald's-Restaurants) steigt, keine Kriege mehr leisten wollen, mehr leisten können – egal, ob sie gewinnen oder verlieren. [...] Mittlerweile gibt es McDonald's-Restaurants fast in allen Staaten der Erde, sodass ich meine Theorie ändern wollte. Ich möchte jetzt – und ich bitte dies wieder als Zuspitzung zu verstehen – mit der Dell-Theorie [Dell = international produzierender Computerhersteller] der Konfliktvermeidung aufwarten: Keine zwei Länder, die in dieselbe weltumspannende Wertschöpfungskette integriert sind, werden jemals Krieg gegeneinander führen. Warum? Weil Menschen, die in solche globalen Prozesse integriert sind, keine Kriege führen wollen. Sie wollen ihre Waren und Dienstleistungen liefern, just in time, und den steigenden Lebensstandard genießen, der damit einhergeht. Diese Länder wissen, was auf dem Spiel steht. Jeder Krieg in Ostasien oder China würde sich massiv negativ auf die Investitionen in der Region und alle dort erzielten Fortschritte auswirken. Krieg oder politische Unruhen würden das Vertrauen der internationalen Investoren auf Jahre oder gar Jahrzehnte verspielen. Frieden ist der grundlegendste Standortfaktor für fast jeden Investor. [...]
Der Irak, Syrien, Nordkorea, Afghanistan, der Iran dagegen, Länder, die in keine bedeutenden globalen Wertschöpfungsketten eingebunden sind, bleiben geopolitische Brennpunkte, die jederzeit explodieren können. Der Lackmus-Test meiner Dell-Theorie wird das Verhältnis zwischen China und Taiwan sein – zwei Länder, die seit Jahren mit Militärmanövern und anderen Drohgebärden zeigen, dass ihr Konflikt weiter schwelt, aber gleichzeitig wirtschaftlich so eng miteinander verbunden sind, dass ich meine, dass die Dell-Theorie auch hier halten wird. Einen Abzug der Investitionen oder gar einen Boykott chinesischer oder taiwanesischer Waren könnten weder China noch Taiwan verkraften. Eine ganz neue Form der „Abschreckung".

Thomas L. Friedman: Die Welt ist flach. Eine kurze Geschichte des 21. Jahrhunderts, Frankfurt am Main 2006, S. 622–639

M 5 Der Demokratische Frieden

Immanuel Kant betont die Bedeutung der innenpolitischen Organisation eines Staates für dessen Friedfertigkeit. Der Weltfrieden könne dann erreicht werden, wenn alle Staaten demokratische Republiken seien. Die demokratische Friedenskonzeption geht davon aus, dass sich das „Volk" kaum freiwillig den Nöten und Entbehrungen eines Krieges aussetzen wird und, wenn es selbst entscheiden dürfe, daher Kriege zumindest gegen andere Demokratien unterlassen werde. Die sozialistischen Friedensvorstellungen setzen am Konzept des Demokratischen Friedens an. Sie versuchen nachzuweisen, dass in bourgeoisen (kapitalistischen) Demokratien selbst bei formeller Mitbestimmung des Volkes bzw. seiner Repräsentanten über Krieg und Frieden faktisch doch eine ökonomisch privilegierte Minderheit und deren „Beauftragte" in ihrem Eigeninteresse imperialistische Kriege führen können.

M 6 Psychische, pädagogische und soziale Möglichkeiten der Friedensförderung

Anthropologie, Psychologie und Verhaltensforschung haben ein permanentes Aggressionspotenzial im Menschen lokalisiert; diese Aggressivität müsse entweder durch veränderte Sozialisationsformen (in Familie, Schule, Betrieb usw.) abgebaut oder wenigstens auf relativ harmlose Ziele abgelenkt werden (z. B. auf den sportlichen Wettkampf), wenn das Ziel einer befriedeten Menschheit erreicht werden soll. Schon in frühester Kindheit sollen Formen der Demokratie und der friedlichen Konfliktaustragung (Streitschlichtung, Mediation) durch friedenspädagogische Maßnahmen eingeübt werden. [...]
Schließlich sollen latente Formen sozialer und kultureller Unterdrückung abgebaut werden, die in Individuen Aggressivität erzeugen – auch wenn sie im Allgemeinen nicht zu bewaffneten Konflikten führen. Neben die strukturelle Gewalt der extremen sozialen Ungleichheit und Armut tritt die unterdrückende Erziehung in der Familie sowie die soziale Diskriminierung von ethnischen oder religiösen Minderheiten.

M 5, M 6: Iring Fetscher: Modelle der Friedenssicherung. München 1973, S. 8 ff.

ARBEITSAUFTRÄGE

1. *Überlegen Sie, was man tun könnte, um Staaten vom Führen eines Krieges abzuhalten! Sammeln Sie Ihre Vorschläge im Kurs und sortieren Sie sie kriteriengeleitet!*
2. *Überlegen Sie, ob die Konzepte (M 1 bis M 6, gegebenenfalls auch Ihre eigenen Vorschläge) jeweils einen negativen oder einen positiven Frieden anstreben (siehe auch S. 37)!*
3. *Diskutieren Sie, inwieweit die traditionellen Konzepte der Friedenssicherung auf die heutige sicherheitspolitische Lage, auf die Vermeidung heutiger Kriege und Konflikte anwendbar sind!*

2.2 Erweiterte Friedenskonzepte

Der klassische Sicherheitsbegriff konzentriert sich auf die militärische Konfliktbearbeitung. Doch Terrorismus oder Bürgerkriege lassen sich allein militärisch nicht besiegen, solange nicht auch die Konfliktursachen bekämpft werden. Wirtschaftliche Entwicklungsdefizite und Armut, Umweltprobleme und Staatszerfall bilden nicht selten den Nährboden für Terrorismus und „neue Kriege".

Um Frieden und Sicherheit zu gewährleisten, gehen die Bundesregierung und internationale Organisationen wie die UNO daher mittlerweile von einem → **erweiterten Sicherheitsbegriff** aus, der militärische und zivile Formen der Konfliktbearbeitung miteinander **vernetzt**.

M1 Entwicklungspolitik als Sicherheitspolitik

Die Anzahl der Konflikte und Kriege seit dem Ende des Kalten Krieges ist merklich gestiegen. Etwa 40 Kriege und bewaffnete Konflikte werden momentan ausgetragen. Nur 3 % davon gelten als klassische zwischenstaatliche Auseinandersetzungen und zu 90 % finden diese Kriege in Entwicklungsländern statt, die meisten in Afrika. Das bedeutet, dass in vielen Kooperationsländern der deutschen Entwicklungspolitik Konflikte gewaltsam ausgetragen werden oder sich diese Länder in einer Post-Konflikt-Situation befinden. Die Wechselwirkung zwischen Sicherheit und Entwicklung ist deshalb für die Entwicklungszusammenarbeit von zentraler Bedeutung.

Zwanzig der 38 ärmsten Länder befinden sich in einem bewaffneten Konflikt. Das weist darauf hin: Je ärmer ein Land, desto größer ist die Gefahr eines gewaltsamen Konflikts. Auch Forschungen u.a. der Weltbank zeigen: Die Wahrscheinlichkeit, dass in einem Land mit einem jährlichen Pro-Kopf-Einkommen von 250 $ in den nächsten 5 Jahren ein Bürgerkrieg ausbricht, liegt bei 15 %. Bei einem Land mit einem jährlichen Pro-Kopf-Einkommen von 5.000 $ beträgt die Wahrscheinlichkeit weniger als 1 %.

Gewaltsame Konflikte verhindern, dass sich Länder wirtschaftlich entwickeln und Wege aus der Armut finden können. Gleichzeitig schaffen sie neue Armut, indem sie Entwicklungserfolge zunichte machen, natürliche Lebensgrundlagen schädigen sowie zu Flucht und Vertreibung führen. Bürgerkriege oder innerstaatliche Konflikte, die auch den Zerfall von Staaten und die Auflösung des staatlichen Gewaltmonopols mit sich bringen, fordern unzählige Opfer. Heutzutage sind 90 % dieser Opfer Zivilisten; viele von ihnen Frauen und Kinder.

Spätfolgen dieser Gewalt sind oft über lange Jahre hinweg zu spüren. Diese Folgen sind sehr vielfältig: Bei den Opfern können sie tief sitzende Traumatisierung bedeuten, aber auch die Verminung großer Flächen (insbesondere landwirtschaftlicher Flächen) oder die illegale Verbreitung und Benutzung von Kleinwaffen belasten den Wiederaufbau.

Armut führt zwar nicht notwendigerweise zu Gewalt, und Sicherheit allein garantiert keine Entwicklung. Jedoch sind Frieden und Stabilität wichtige Voraussetzungen für Entwicklung und Wohlstand. Umgekehrt leistet eine auf Armutsbekämpfung und nachhaltige Entwicklung ausgerichtete Politik einen wichtigen Beitrag zur Vermeidung von Gewalt und Konflikten.

www.bmz.de/de/themen/MDG/FriedenSicherheit/index.html, vom 9. August 2009

M2 Ziele der deutschen Entwicklungspolitik

Die wirtschaftlichen und sozialen Ungleichgewichte haben in den letzten Jahrzehnten weiter zugenommen. Das reichste Fünftel der Weltbevölkerung besitzt 85 % des globalen Einkommens, das ärmste Fünftel nur 1,4 %. Die soziale Schere ist nicht nur zwischen Nord und Süd sowie West und Ost größer geworden, sondern auch innerhalb vieler Gesellschaften. Der weltpolitische Umbruch Anfang der 1990er-Jahre hat in vielen Regionen Instabilitäten und Konflikte offen zutage treten lassen. Über 90 % der 200 Kriege seit 1945 haben in Entwicklungs- und Transformationsländern stattgefunden.

Die Ursachen gewaltsamer Konflikte sind zum einen wirtschaftliche und soziale Ungleichheit sowie Umweltzerstörung und Ressourcenknappheit in Verbindung mit Bevölkerungswachstum, zum anderen ein Mangel an demokratischen Strukturen, fehlende Rechtsstaatlichkeit sowie die Zerstörung von sozialer und kultureller Identität und die Missachtung von Menschenrechten. Es kommt darauf an, die Fähigkeit der Gesellschaften zu stärken, auf konstruktive und friedliche Weise mit Konflikten umzugehen.

Entwicklungsländer nach Regionen	So viel Prozent der Bevölkerung ist unterernährt	Von je 1.000 Kindern sterben vor dem 5. Lebensjahr	So viel Prozent der Bevölkerung (15 Jahre und älter) kann weder lesen noch schreiben	So viel Prozent der Bevölkerung haben keinen Zugang zu sanitären Anlagen	Von je 1.000 Einwohnern haben einen Telefonanschluss
Naher Osten und Nordafrika	keine Angaben	58	30	29	106
Ostasien und Pazifik	12	31	10	50	223
Lateinamerika und Karibik	10	31	10	23	keine Angaben
Südasien	21	80	40	63	51
Afrika südlich der Sahara	32	172	41	63	17

Abb. 32.1: Leben in Armut (Quelle: UNDP Human Development Report 2007/2008)

[...] Die Bekämpfung der Armut ist die überwölbende Aufgabe, weil ihr entscheidende Bedeutung für die Entwicklung in den Partnerländern zukommt. Es besteht kein Zweifel, dass Armut sowohl Folge als auch Ursache z.B. bewaffneter Konflikte oder der Zerstörung natürlicher Ressourcen ist. Konflikte um Boden oder Wasser bestimmen heute den Alltag von Millionen Menschen. Nicht selten verschärfen solche Konflikte bereits bestehende Spannungen innerhalb einzelner Länder, aber auch zwischen Ländern.

Klimaveränderungen verursachen gehäuft auftretende Naturkatastrophen, Bodenerosion, Verseuchung von Ackerflächen und Gefährdung der biologischen Vielfalt. Sie treffen die Armen besonders und gefährden zugleich die Zukunft aller Menschen.

Die Bekämpfung der Armut ist nicht nur ein Gebot ethisch-moralischer Verantwortung und Solidarität. Sie ist ebenso Aufgabe zur Sicherung des Friedens und der natürlichen Umwelt im weltweiten Interesse. Die Terroranschläge vom 11. September 2001, eine Vielzahl bewaffneter Konflikte in der Welt, Flucht und Vertreibung, die daraus resultieren, machen überdeutlich: Gewalt und Terror den Boden zu entziehen, ist eine drängende Aufgabe bei der globalen Gestaltung unserer Zukunft.

Armut, Hunger und das Gefühl, grenzenlos unterlegen zu sein, sind ein Nährboden für Gewalt. Entwicklungszusammenarbeit kann dazu beitragen, mehr Gerechtigkeit zu schaffen, und so Menschen Hoffnung und Lebensperspektive zu geben. In den Industrieländern begegnen viele Menschen den Problemen der Entwicklungsländer mit Anteilnahme und Solidarität. Sie sind sich aber auch bewusst, dass Entwicklungszusammenarbeit ihrer eigenen Zukunftssicherung dient; denn kein Teil der Welt ist sicher, wenn nicht in allen Teilen der Welt Menschen sicher leben können. Aus dieser Erkenntnis heraus ist die Entwicklungspolitik für die Bundesregierung Teil einer umfassenden Friedens- und Sicherheitspolitik.

Presse- und Informationsamt der Bundesregierung (Hrsg.): Partner für die Zukunft. Deutsche Entwicklungspolitik im 21. Jahrhundert. Bonn/Berlin 2003, S. 3

M3 Nach dem Krieg ist vor dem Frieden

Nach dem Krieg ist vor dem Frieden – das gilt auch für die Lage in Afghanistan oder im Kosovo. Wenn die Kämpfe vorbei sind, kehrt nicht automatisch Frieden ein. Bis zu einem friedlichen Miteinander und einer demokratisch gewählten Regierung ist es meist noch ein weiter Weg. Hier setzt die Arbeit der internationalen Friedenstruppen an. Sie sorgen für Sicherheit, lindern die Not der Bevölkerung, setzen zusammen mit Hilfsorganisationen Straßen, Schulen und Krankenhäuser wieder instand und bereiten so den Weg für den zivilen Wiederaufbau. […]
Im Dezember 2001 erteilte der UN-Sicherheitsrat das Mandat, eine Friedenstruppe (ISAF – International Security Assistance Force) für Afghanistan aufzustellen. Die Resolution des Sicherheitsrats erlaubt „friedenserzwingende Maßnahmen", also Einsätze, bei denen militärische Mittel angewendet werden, um den Frieden in den Konfliktgebieten wiederherzustellen.
In den nördlichen Regionen tragen die ISAF-Soldaten vor allem zur Stabilisierung bei. Sie helfen mit, die Infrastruktur wieder aufzubauen und die Wahlen zur Nationalversammlung und zur Präsidentschaft vorzubereiten. […]
Im Kosovo und in Bosnien erprobt und bewährt, in Afghanistan im Einsatz: CIMIC (Civil-Military Cooperation) – Militär in einer neuen, bisher ungewohnten Aufgabe. Fachleute der Bundeswehr unterstützen die Zivilbevölkerung beim Wiederaufbau, helfen Flüchtlingen bei der Rückkehr und arbeiten dabei auch mit staatlichen und privaten Hilfsorganisationen zusammen. Humanitäre Hilfe und der Wiederaufbau kriegszerstörter Wohnhäuser, Kindergärten, Schulen, Polizeistationen, Ambulanzen und Krankenhäuser tragen zur Normalisierung im Krisengebiet bei und sichern zugleich den Einsatz der Friedenstruppen.

Arbeitsgemeinschaft Jugend und Bildung e. V. (Hrsg.): Frieden und Sicherheit. Ein Heft für die Schule. Wiesbaden 2006, S. 18 f.

M4 Sicherheitsrisiko Klimawandel – Beispiel Sudan

Abb. 33.1: Ausgetrockneter Boden

Im Sudan hat sich die Wüste in den letzten 40 Jahren um 100 Kilometer weiter in Richtung Süden ausgebreitet. Das liegt daran, dass zum einen die Regenfälle immer weiter zurückgehen, zum anderen haben die Überweidung von Grasflächen, das Abholzen von Wäldern und die dann einsetzende Bodenerosion das Land unfruchtbar gemacht. Klimamodelle sagen für den Sudan einen weiteren Temperaturanstieg voraus; zugleich wird die Regenmenge weiter abnehmen. Für die Getreideernten bedeutet das einen künftigen Rückgang um etwa 70 %. Das Land gehört schon jetzt zu den ärmsten der Welt; zugleich ist es ökologisch erheblich gefährdet, und seit einem halben Jahrhundert wird immer irgendwo im Sudan Krieg geführt. […]

Bisher nahm man an, dass die Gewaltfolgen von Klimaveränderungen eher indirekt sind; aber dort, wo das Überleben ohnehin schon gefährdet ist, führen selbst geringfügige Verschlechterungen zu Gewalt. Und im Sudan sind sie nicht geringfügig. In einer Gesellschaft, in der 70 % der Bevölkerung auf dem Land und vom Land leben, gibt es ein Problem, wenn Weideflächen und fruchtbare Böden verschwinden. Nomadische Viehzüchter brauchen Weiden, so wie Kleinbauern Land brauchen, um ihre Feldfrüchte anbauen zu können. Wenn die Wüste sich ausbreitet, beanspruchen die Viehzüchter das Land der Ackerbauern oder umgekehrt.

NDR Kultur: Gedanken zur Zeit, Klimakriege. Von Harald Welzer. Sendung vom 5. April 2008

ARBEITSAUFTRÄGE

1. *Formulieren Sie Überschriften für einzelne Abschnitte und fassen Sie die Hauptaussagen der Texte M 1 bis M 3 in kurzen Statements zusammen!*
2. *Erklären Sie: „Nach dem Krieg ist vor dem Frieden"!*
3. *Erläutern Sie die Daten in Abb. 32.1! Welche Region stufen Sie als problematischste ein? Warum?*
4. *„Entwicklungspolitik ist die Friedenspolitik des 21. Jahrhunderts" (Willy Brandt, ehemaliger deutscher Bundeskanzler). Diskutieren Sie diese Aussage!*
5. *Erläutern Sie den Zusammenhang zwischen Sicherheit und Klimawandel!*

2.3 Völkerrecht als Friedenskonzept

Besonders von deutscher Seite werden große Hoffnungen auf eine „Verrechtlichung“ der internationalen Beziehungen als Friedenskonzept gesetzt. Wichtige Grundlage des Völkerrechts ist die Charta der Vereinten Nationen.

Abb. 34.1: Das Gebäude des IGH in Den Haag

Der **Internationale Gerichtshof** (IGH) mit Sitz in Den Haag entscheidet in Streitfällen zwischen Staaten. Streitfälle können dort nur behandelt werden, wenn ein Staat eine Anklage erhebt. Einzelpersonen können vor dem IGH nicht klagen oder verklagt werden. Vom IGH gesprochene Urteile entsprechen in der Praxis den Urteilen freiwilliger Schiedsgerichte, da den Urteilen nur Bedeutung zukommt, wenn die beteiligten Staaten sich freiwillig dem Verfahren stellen und auch dem Urteil Folge leisten. Der IGH hat selbst keine Möglichkeiten, seine Urteile gegen den Willen der Betroffenen durchzusetzen.

Der **Internationale Strafgerichtshof** (IStGH) soll schwerwiegende Menschenrechtsverletzungen (Völkermord, Verbrechen gegen die Menschlichkeit und kriegerische Aggression) mit Haft- und Vermögensstrafen ahnden können. Vor das Gericht kommen nur Individuen, die Angehörige eines dem Statut beigetretenen Staates sind oder sich in einem solchen aufhalten, nicht aber Staaten.

M1 Der internationale Strafgerichtshof als Meilenstein des Völkerrechts

Seit gestern, dem 1. Juli 2002, ist das Statut über den Ständigen Internationalen Strafgerichtshof (IStGH) wirksam... Im nächsten Frühjahr kann das Gericht [mit Sitz in Den Haag] mit der Strafverfolgung von Völkermord, Kriegsverbrechen und schwersten Menschenrechtsverletzungen beginnen. Später soll auch Führung und auch bereits die Vorbereitung einer Aggression, insbesondere eines Angriffskrieges, strafbar sein. Die Errichtung des IStGH ist ein wichtiger Meilenstein auf dem Weg zur globalen Sicherung der Stärke des Rechts. Die Vision dieses Weltgerichts gibt es schon lange: Bereits 1870/71 legte der Präsident des Internationalen Komitees des Roten Kreuzes einen ersten Entwurf für einen Internationalen Strafgerichtshof vor. Nach dem Ersten Weltkrieg kam Präsident Wilson auf die Idee zurück. Doch nach den Kriegsverbrechertribunalen von Nürnberg und Tokio lagen die Arbeiten der internationalen Law Commission lange auf Eis. Erst das Ende des Kalten Krieges gab dem Projekt neuen Auftrieb. Die Erfahrungen, die man mit der brillanten Arbeit der Richter in Den Haag und Arusha gemacht hat, die Menschenrechtsverbrechen im zerfallenen Jugoslawien und in Ruanda verfolgten, machten es leichter, in Rom zu einer Einigung zu gelangen.

Das Römische Statut von 1998 legt nicht nur fest, welche Verbrechen der unabhängige Strafgerichtshof künftig verfolgen soll. Das Statut bestimmt auch das rechtsstaatliche Verfahren, bei dem die Rechte der Beschuldigten voll gewahrt bleiben. Der neue Gerichtshof ist keine politische Institution; er ist weder von einem Staat noch von Weisungen der UN abhängig. Er ist vielmehr ein unabhängiges Gericht, auf das die Vertragsstaaten einen Teil ihrer bisher nationalstaatlichen Souveränität übertragen. Allerdings soll das Gericht nur in den Fällen tätig werden, in denen ein an sich dazu berufener Nationalstaat solche schwersten Verbrechen nicht selbst verfolgen kann oder will. Die Bundesrepublik Deutschland als Rechtsstaat will und kann die Verfolgung auch solcher Verbrechen natürlich selbst übernehmen. Dementsprechend haben wir zeitgleich das neue Völkerstrafgesetzbuch in Kraft gesetzt.

Abb. 34.2: Karikatur

Ärgerlich und traurig ist allerdings, dass die derzeitige US-Regierung ihre Unterzeichnung des Römischen Statuts zurückgezogen hat. [...] Im Zeitalter der Globalisierung muss ein solches Vorgehen auf besonderes Misstrauen stoßen, zielt es doch ganz offen auf zweierlei Recht, zweierlei Maßstäbe und Sonderrechte für Mächtige ab. [...] Unverständlich ist die US-Reaktion und ihre Begründung auch, weil niemand den USA, als Demokratie mit langer rechtsstaatlicher Tradition, unterstellen dürfte, sie seien nicht willens oder in der Lage, solche ja auch nach amerikanischem Recht strafbaren Verbrechen zu verfolgen. [...]

Es geht um die Ersetzung der Macht des Stärkeren durch die globale Stärke des Rechts. [...] Wir wollen nicht der Macht zum Sieg, sondern dem Recht zur Geltung verhelfen. Das ist auch das Ziel des Internationalen Strafgerichtshofs. Dabei sollten, dabei dürfen die USA nicht abseits stehen.

Herta Däubler-Gmelin, in: Süddeutsche Zeitung vom 2. Juli 2002, S. 17

Der IStGH kann auf Veranlassung eines Vertragsstaates, des UN-Sicherheitsrates oder durch die Initiative der unabhängigen Ermittlungs- und Anklagebehörde (einer Art Staatsanwaltschaft) tätig werden. Er kann gemäß Artikel 77 des Römischen Statuts folgende Strafen verhängen:

- Freiheitsentzug bis zu einer Höchstdauer von 30 Jahren;
- lebenslangen Freiheitsentzug, wenn dies durch die außergewöhnliche Schwere des Verbrechens und die persönlichen Verhältnisse des Verurteilten gerechtfertigt ist;
- Geldstrafen;
- Anordnung, den Erlös, das Eigentum und die Vermögensbestände einzuziehen, die unmittelbar oder mittelbar aus dem angeklagten Verbrechen stammen.

M2 Wie der internationale Strafgerichtshof arbeitet

In einer Reportage des Spiegels wird darüber berichtet, wie der IStGH dem Völkermord im Sudan nachgeht.

Der Fall, der in Raum K 127 des Haager Gerichts enden soll, steckte in einem braunen versiegelten Umschlag, den UNO-Generalsekretär Kofi Annan im Januar überreicht bekam. Er enthielt 51 Namen von Personen, denen schreckliche Verbrechen vorgeworfen werden: führende Politiker und Militärs des bürgerkriegsgeschüttelten Sudan. Die Liste hat Antonio Cassese zusammengestellt [...], Völkerrechtsprofessor aus Florenz. [...]
Massaker in Darfur sind an der Tagesordnung, Militärs und Miliz führen offensichtlich einen Ausrottungskrieg, in einem Gebiet so groß wie Frankreich. Städte werden überfallen und dem Erdboden gleichgemacht. [...] Frauen, Männer, Kinder werden umgebracht, sogar hilflose Patienten im örtlichen Krankenhaus. Zwischen 180 000 und 400 000 Tote, schätzen britische Experten, habe das Schlachten bisher gefordert, etwa zwei Millionen Schwarzafrikaner aus Darfur sind auf der Flucht. Schutz gibt es kaum. [...]
Da der Sudan den Gerichtsvertrag von Rom zwar unterschrieben, aber nicht → **ratifiziert** hat, darf das Weltgericht nur tätig werden, wenn der Sicherheitsrat den Fall dahin überweist. [...] Die Weltmacht USA verzichtete auf ihr Veto. Der Sicherheitsrat sicherte dafür im Kleingedruckten zu, dass kein US-Soldat, sollte er wirklich im Sudan bei einem Blauhelmeinsatz gestellt werden, vom Haager Gericht belästigt werden dürfe. [...]
Die Leute für den Sudan sind jetzt zusammen: Sie werden gebrieft und trainiert: Ermittlungsmethoden, Rom-Statut, Länderkunde. Schließlich bekommen sie Schlafsäcke und Feldausrüstung, und dann los.
Solche Stellen werden auf der Internetseite des Gerichts ausgeschrieben, Anfangsgehalt etwa 3.000 Euro. Staatsanwälte melden sich, Rechtsanwälte, Menschenrechtler, Sozialarbeiter. In Teams von drei bis vier Leuten bleiben sie zwei bis drei Wochen vor Ort, dann kommen sie nach Den Haag zum Bericht.

Thomas Darnstädt/Helene Zuber: Der schwarze Schatten des Krieges, in: Der Spiegel 34/2005, S. 108–112

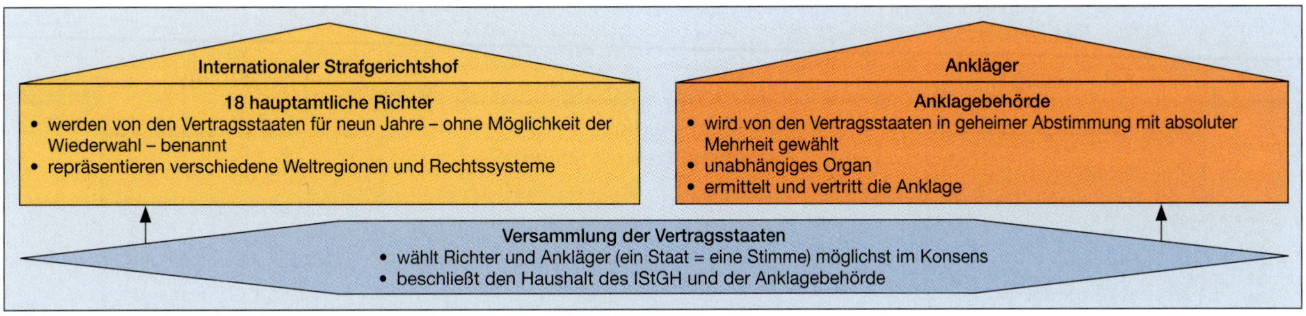

Abb. 35.1: Besetzung und Aufgaben des Internationalen Strafgerichtshofs in Den Haag

M3 Im Zweifelsfall für das Völkerrecht

Die Grundidee des IStGH: Wer sich schwerer Verbrechen wie Völkermord, Folter oder Verbrechen gegen die Menschlichkeit schuldig macht, soll auch dann nicht vor strafrechtlicher Verfolgung geschützt sein, wenn er in seinem Land Regierungsämter bekleidet oder sonst wie Immunität genießt. [...]
Die Fortschritte des internationalen Strafrechts und die Debatten um humanitäre Interventionen haben gemein, dass sie das Konzept nahezu uneingeschränkter nationaler Souveränität auflösen. [...] Ein starkes Völkerrecht ist die [...] absolut notwendige Bedingung, um die Menschenrechte weltweit durchzusetzen. Wer das Völkerrecht für irrelevant erklärt, schadet auch den Menschenrechten. [...] Das Völkerrecht muss weiterentwickelt und gestärkt werden. Ignorieren dient auch den Menschenrechten nicht.

Bernd Pickert: Im Zweifelsfall für das Recht, in: taz vom 28. März 2003

ARBEITSAUFTRÄGE

1. *Vergleichen Sie die völkerrechtliche Bedeutung des IGH und des IStGH!*
2. *Recherchieren Sie einen Fall, der vor dem*
   a) IGH,
   b) IStGH
   verhandelt wurde!
3. *Beschreiben und interpretieren Sie die Karikatur Abb. 34.2!*
4. *Beurteilen Sie, inwieweit durch IGH und IStGH die auf S. 7 geschilderten Probleme gelöst werden!*

3 Möglichkeiten internationaler Institutionen und Organisationen zur Friedenssicherung und Konfliktbewältigung

Die Gestaltung von Interventionen und Friedensprozessen ist mittlerweile eine globale Angelegenheit. Da die internationalen Bedrohungen und Konfliktursachen weltweite Ausmaße angenommen haben, müssen die Akteure, die Einfluss auf die internationalen Rahmenbedingungen haben, ebenfalls international agieren. So werden Interventionen und Friedensprozesse zu einem wesentlichen Bestandteil der internationalen Beziehungen.
Vier Akteurstypen werden bei der Analyse internationaler Beziehungen unterschieden:

1. die Regierungen souveräner Staaten. Sie repräsentieren nach innen und außen Staatsform und Gesellschaft ihres Landes.
2. die internationalen Organisationen (IGO: International Governmental Organization). Diese Zusammenschlüsse werden auf Betreiben nationaler Regierungen gegründet. Die wichtigsten Organisationen sind die UNO, die NATO und die EU. Je nach Entwicklungsstand der internationalen Organisationen handelt es sich um eine → **intergouvernementale** oder → **supranationale** Organisation.
3. die Nicht-Regierungsorganisationen (NGO: Non Governmental Organization). Diese zum Teil aus Bürgerinitiativen hervorgegangenen nationalen Organisationen wie Verbände, Umweltorganisationen oder Parteien versuchen ihre jeweiligen Interessen mithilfe von Demonstrationen, Hilfsaktionen und Lobby-Politik durchzusetzen. Im Zuge der Globalisierung sind die NGOs auch zu kritischen Betrachtern der internationalen Entwicklung geworden.
4. die internationalen Nicht-Regierungsorganisationen (INGO: International Non Governmental Organization). Grenzüberschreitende Organisationen, wie z. B. Greenpeace, Attac, WWF oder Amnesty international, bündeln über Nationalstaaten und Kontinente hinweg ihre Interessen. Dazu gehören auch transnationale Konzerne, die wesentlichen Anteil an der und Einfluss auf die internationale Finanz- und Handelswirtschaft haben.

Es stellt sich die Frage, welche Möglichkeiten diese Akteure besitzen und welche Chancen und Risiken aus ihrem Handeln entstehen.

Abb. 36.1: Akteure und Handlungsebenen international agierender Organisationen

M 1 Multinationale Dimension

Entscheidendes Kennzeichen künftiger Sicherheitspolitik ist ihre Multi-Dimensionalität. Sie umfasst diplomatische, polizeiliche, militärische und nicht zuletzt auch wirtschaftliche Elemente. Sie wird einmal von den Staaten in herkömmlicher Weise → **unilateral**, das heißt primär und kurzfristig auf die eigene nationale Sicherheit bezogen definiert. Daraus ergeben sich dann – je nach geostrategischer Konstellation und finanziellen sowie technologischen Möglichkeiten – bestimmte Entscheidungen über die Größenordnung und das Profil der Streitkräfte sowie über Bündnisse und vielleicht auch über internationale Rüstungskontroll-Regime oder Konventionen zur Eindämmung bestimmter Bedrohungen (wie grenzüberschreitender Terrorismus). Diesen zuletzt aufgezählten sicherheitspolitischen Bestrebungen kann allerdings auch schon eine → **multilateral**, das heißt im Blick auf eine ganze Makro-Region (wie beispielsweise Europa oder die Nordatlantik-Region) oder sogar den gesamten Planeten hin definierte Sicherheit zugrunde liegen. Es ist dieser weitere Rahmen, der infolge der Globalisierung immer mehr an Bedeutung gewinnt, auch wenn das erst in den nächsten Jahren unabweisbar deutlich werden wird.

Es kann, muss aber nicht zwischen diesen beiden unterschiedlichen Perspektiven zu Friktionen und Widersprüchen kommen. Eine kluge Politik wird alles daran setzen, sie miteinander in Einklang zu bringen.

Leicht ist das nicht, muss doch gerade auch die Sicherheitspolitik in demokratischen Gesellschaften generell und bei Einzelentscheidungen immer wieder neu legitimiert werden und öffentliche Akzeptanz finden. Die Öffentlichkeit kümmert sich jedoch in der Regel nur dann um Sicherheitspolitik, wenn akute Probleme auftauchen, seien es die Entsetzen auslösenden Medienberichte und Bilder von einem Krieg oder das plötzliche Ansteigen der Zahlen von Flüchtlingen und Menschen, die um politisches Asyl nachsuchen. Je rascher sich die Einsicht bei Regierenden und in der Öffentlichkeit durchsetzt, dass die erfolgreichste und im Übrigen auch kostengünstigste Sicherheitspolitik multilateral, langfristig und so angelegt sein muss, dass ihre militärische Komponente lediglich zur Abstützung der zivilen Komponenten eingesetzt wird, desto besser ist dies für die Stabilität der internationalen Ordnung. [...]

Wilfried von Bredow: Sicherheitspolitik zu Beginn des 21. Jahrhunderts, in: Bundeszentrale für politische Bildung (Hrsg.): Internationale Beziehungen II, Bonn 2002, S. 8

M2 Was ist Frieden?

- „Die Rücksicht auf das Recht des anderen – das ist der Friede." Benito Juárez García (1806–1872)
- „Den ungerechtesten Frieden finde ich immer noch besser als den gerechtesten Krieg." Marcus Tullius Cicero (106 – 43 v. Chr.)
- „Es gibt keinen Weg zum Frieden, denn Frieden ist der Weg." Mahatma Ghandi (1869 –1948)
- „Frieden bezeichnet eine umfassende und dauerhafte Rechtsordnung und Lebensform, bei der Wohl und Wohlstand der Bürger und Bürgerinnen oberste Ziele sind." (aus einem Politiklexikon)

M3 Typologie des Friedens

Frieden in den internationalen Beziehungen definiert sich als die Abwesenheit physischer Gewaltanwendung. Frieden ist demnach der Zustand des Nicht-Krieges (ebenso wie Krieg der des Nicht-Friedens). Es lassen sich zunächst zwei Typen von Frieden unterscheiden:

1. Der negative Frieden ist durch die bloße Abwesenheit physischer Gewalt durch Kampfverbände gekennzeichnet.
2. Der positive Frieden zeichnet sich hingegen durch die Abwesenheit sowohl physischer als auch struktureller Gewalt, mithin durch Gewaltfreiheit und Gerechtigkeit aus [...]

Da die Unterscheidung zwischen positivem und negativem Frieden wenig handhabbar ist und den Friedensbegriff drastisch ausweitet, wird stattdessen häufig zwischen einem stabilen und einem instabilen Frieden unterschieden.

1. Beim instabilen Frieden wird im Verhältnis zwischen Akteuren die Möglichkeit der Gewaltanwendung durch Kampfverbände stets bedacht.
2. Herrscht zwischen Akteuren hingegen ein stabiler Frieden, so wird von allen Parteien der wechselseitige Einsatz von Kampfverbänden grundsätzlich ausgeschlossen.

Bernhard Zangl / Michael Zürn: Frieden und Krieg, Suhrkamp, Frankfurt/Main 2003, S. 28

M4 Direkte und strukturelle Gewalt nach Johan Galtung

Wenn es einen Sender gibt, einen Akteur, der die Folgen der Gewalt beabsichtigt, können wir von direkter Gewalt sprechen, wenn nicht, sprechen wir von indirekter oder struktureller Gewalt [...]. Indirekte Gewalt entspringt der Sozialstruktur, als Gewalt zwischen Menschen, zwischen Gruppen von Menschen (Gesellschaften), zwischen Gruppen von Gesellschaften (Bündnissen, Regionen). Und im Innern menschlicher Wesen stoßen wir auf eine indirekte, nicht intendierte Gewalt, die ihrer Persönlichkeitsstruktur entstammt. Die zwei Hauptformen der äußeren strukturellen Gewalt sind aus Politik und Wirtschaft wohl bekannt: Es handelt sich um Repression und Ausbeutung. [...] Hinter all dem steckt aber kulturelle Gewalt, die symbolisch ist und in Religion und Ideologie, in Sprache und Kunst, Wissenschaft und Recht, Medien und Erziehung wirkt. Ihre Funktion ist einfach genug: Sie soll direkte und strukturelle Gewalt legitimieren.

Johan Galtung: Friede mit friedlichen Mitteln. Friede und Konflikt, Entwicklung und Kultur, Leske + Budrich, Opladen 1998, S. 17 f.

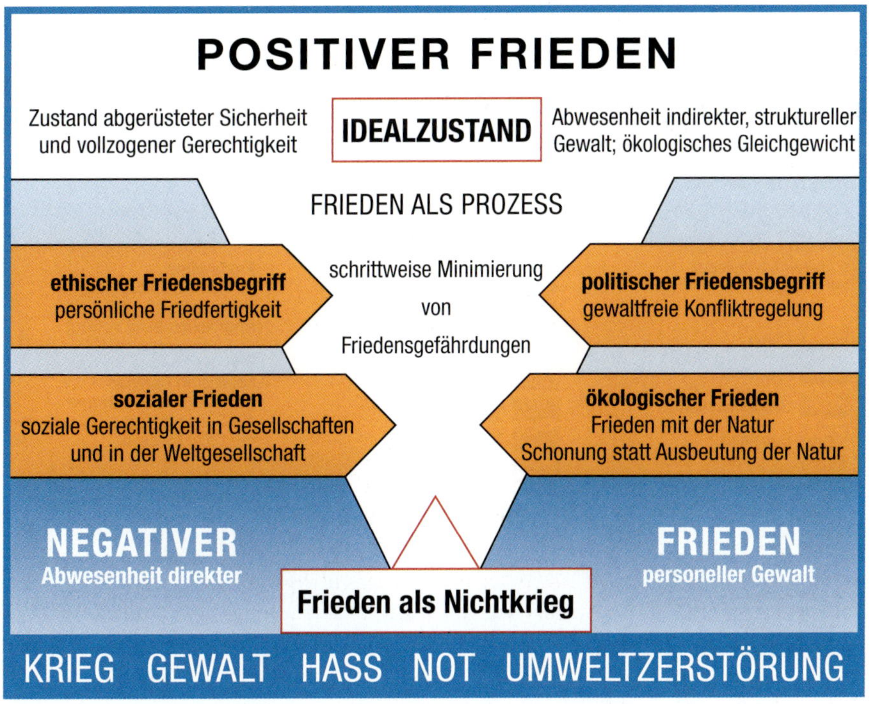

Abb. 37.1: Frieden als Prozess

3.1 United Nations Organization (UNO) – Vereinte Nationen (VN)

Am 26. Juni 1945 gründeten 51 Staaten in San Francisco/USA die United Nations Organization (→ **UNO/UN**, Organisation der Vereinten Nationen, auch als VN bezeichnet). Nach der Ratifizierung der → **UN-Charta** durch die Mehrheit der Gründerstaaten am 24. Oktober 1945 sollte nach dem Zweiten Weltkrieg eine internationale Staatengemeinschaft für weltweiten Frieden sorgen. Diesen Gedanken hatte man schon nach dem Ersten Weltkrieg mit der Gründung des → **Völkerbundes** umzusetzen versucht, war allerdings an der Etablierung einer internationalen Friedensordnung gescheitert.

Im Jahr 2009 hat die UNO 192 Mitglieder. Das letzte Beitrittsland war Montenegro am 28. Juni 2006. Damit sind alle international anerkannten Länder dieser Erde Mitglieder der UNO mit Ausnahme des → **Vatikans** (Staat Vatikanstadt), der eine Beobachterrolle innehat.

Die **Generalversammlung** ist das wichtigste Beratungsorgan der Vereinten Nationen. Sie erörtert alle internationalen Fragen und Angelegenheiten, die in den Rahmen der UN-Charta fallen. Alle Mitgliedsstaaten sind in der Generalversammlung vertreten. Sie tritt einmal jährlich von September bis Dezember zu ihrer ordentlichen Jahrestagung zusammen sowie je nach Bedarf. Der **Wirtschafts- und Sozialrat** hat 54 Mitglieder, die von der Generalversammlung für eine dreijährige Amtszeit gewählt werden. Jedes Jahr wechseln 18 Mitglieder des Rats. Der **Internationale Gerichtshof** hat 15 Mitglieder, die sowohl von der Generalversammlung als auch vom Sicherheitsrat für eine neunjährige Amtszeit gewählt werden. Der Treuhandrat (USA, Großbritannien, Frankreich, Russland, China) hat am 1. November 1994 seine Tätigkeit eingestellt, da keine Gebiete mehr zu verwalten sind, und tritt nur noch bei Bedarf zusammen. An der Spitze des Sekretariats, und damit der UNO, steht der Generalsekretär, der von der **Generalversammlung** auf Vorschlag des Sicherheitsrates für fünf Jahre gewählt wird. Daneben existieren eine Reihe von Nebenorganen und Sonderorganisationen, z. B. das Kinderhilfswerk UNICEF.

Das zentrale Entscheidungsorgan der Vereinten Nationen bildet der Sicherheitsrat, auch **Weltsicherheitsrat** genannt. Ihm gehören neben den Siegermächten des Zweiten Weltkriegs als ständigen Mitgliedern (USA, Großbritannien, Frankreich, Russland [als Nachfolger der Union der Sozialistischen Sowjetrepubliken = UdSSR] und China [seit 1972 nimmt die Volksrepublik China den Platz des nationalchinesischen Taiwan ein]) zehn weitere nichtständige Mitglieder an. Jährlich wählt die Generalversammlung fünf nichtständige Mitglieder für jeweils zwei Jahre.

Um einen verbindlichen Beschluss (Resolution) zu fassen, müssen neun der 15 Mitglieder des Sicherheitsrates dem Beschluss zustimmen, einschließlich der fünf ständigen Mitglieder. Macht ein ständiges Mitglied von seinem → **Vetorecht** Gebrauch, ist der Antrag abgelehnt: Ein Beschluss kann nicht mehr zustande kommen. Die Enthaltung oder Abwesenheit eines ständigen Mitglieds wird nicht als Veto gezählt.

Mit dem Ende des Ost-West-Konflikts kam der UNO und insbesondere dem UN-Sicherheitsrat eine bedeutendere Rolle zu. Die UNO verfügt über keinerlei Streitkräfte. Sie ist dabei auf die Bereitstellung von Streitkräften ihrer Mitglieder angewiesen. Von den UN-Kampfverbänden sind die UN-Friedenstruppen („Blauhelme") zu unterscheiden.

Abb. 38.1: Sicherheitsrat der Vereinten Nationen

Mit der **Agenda für den Frieden** schuf 1992 der damalige Generalsekretär Boutros Boutros-Ghali einen Katalog von Maßnahmen, der der UNO einen weiteren und flexibleren Spielraum bei der Wahrung der internationalen Sicherheit und der Bewältigung von Krisensituationen ermöglicht. Durch humanitäre Hilfe und vorbeugende Diplomatie soll Frieden geschaffen („peace-making"), gesichert („peace-keeping") und konsolidiert („post-conflict peace-building") werden. Eine herausragende Rolle bei dieser Neuorientierung der UNO spielen weiterhin die „Blauhelme". Das ist die umgangssprachliche Bezeichnung der eingesetzten UN-Friedenstruppen, benannt nach den blauen Helmen der Soldaten, die aus zivilen und militärischen Einheiten bestehen können. Blauhelme werden seit 1948 auf Beschluss des UN-Sicherheitsrates und mit dem Einverständnis der jeweiligen Konfliktparteien eingesetzt.

Die Vereinten Nationen bilden weltweit das umfassendste Forum → **kollektiver Sicherheit**.

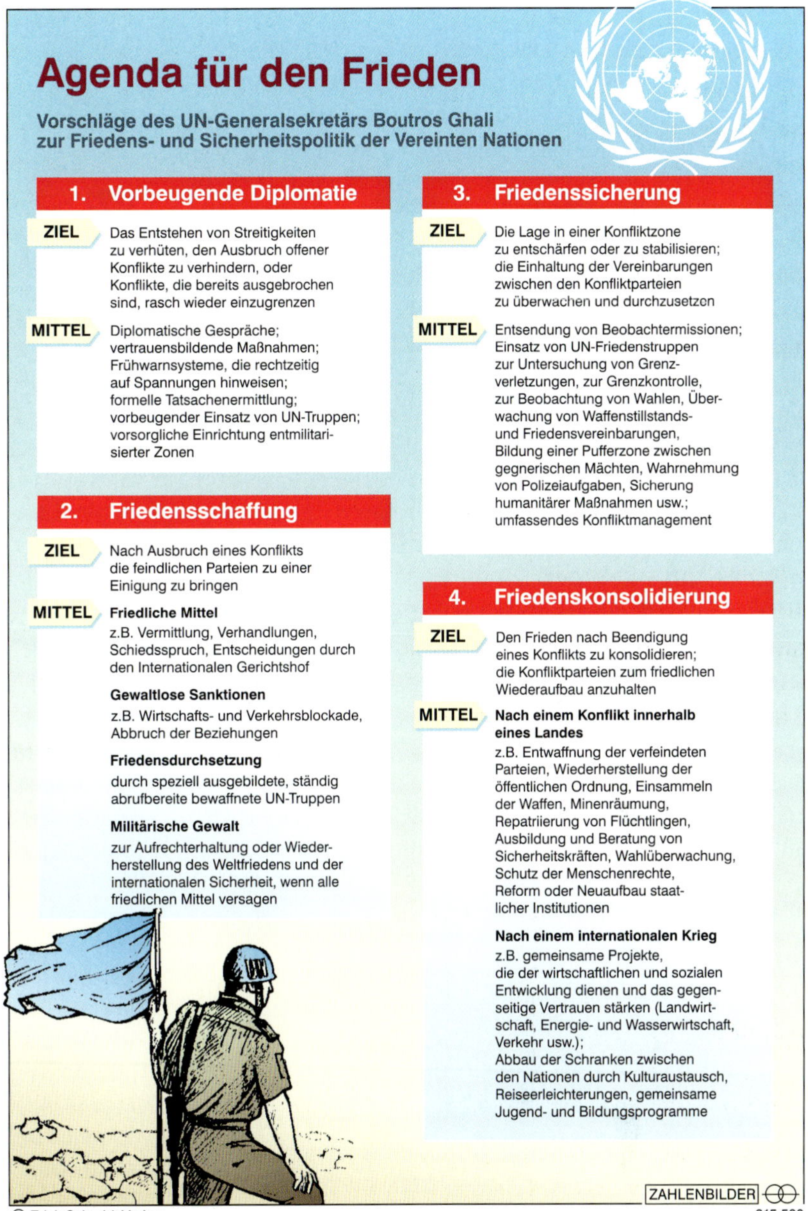

Abb. 39.1: Agenda für den Frieden

M1 UNO – System kollektiver Sicherheit

Die Vereinten Nationen verstehen sich als System kollektiver Sicherheit. Unter kollektiver Sicherheit versteht man generell ein vertraglich vereinbartes internationales System, das alle Mitglieder der Staatengemeinschaft verpflichtet, jeden Aggressor innerhalb oder außerhalb des Systems ohne Rücksicht auf Ursprung oder Stoßrichtung der Aggression zu bekämpfen. [...] Der erste Versuch, ein funktionierendes System der kollektiven Sicherheit im Rahmen des Völkerbundes zu organisieren, ist gescheitert. Sein Scheitern zeigte, dass ein solches System nur funktionieren kann, wenn es auf dem Grundsatz der Universalität aufbaut und über einen rechtlichen Rahmen verfügt, der ein eindeutiges Gewaltverbot enthält und ausreichende Mittel zu dessen Durchsetzung bereithält.

Auswärtiges Amt (Hrsg.): ABC der Vereinten Nationen, 5. Auflage, Berlin 2003, S. 85

M2 Aus der Charta der Vereinten Nationen

Artikel 1 der UN-Charta

Die Vereinten Nationen setzen sich folgende Ziele:
1. den Weltfrieden und die internationale Sicherheit zu wahren und zu diesem Zweck wirksame Kollektivmaßnahmen zu treffen, um Bedrohungen des Friedens zu verhüten und zu beseitigen, Angriffshandlungen und andere Friedensbrüche zu unterdrücken und internationale Streitigkeiten oder Situationen, die zu einem Friedensbruch führen könnten, durch friedliche Mittel nach den Grundsätzen der Gerechtigkeit und des Völkerrechts zu bereinigen oder beizulegen [...]

Artikel 2

3. Alle Mitglieder legen ihre internationalen Streitigkeiten durch friedliche Mittel so bei, dass der Weltfriede, die internationale Sicherheit und die Gerechtigkeit nicht gefährdet werden.
4. Alle Mitglieder unterlassen in ihren internationalen Beziehungen jede gegen die territoriale Unversehrtheit oder die politische Unabhängigkeit eines Staates gerichtete oder sonst mit den Zielen der Vereinten Nationen unvereinbare Androhung oder Anwendung von Gewalt. [...]

Artikel 39

Der Sicherheitsrat stellt fest, ob eine Bedrohung oder ein Bruch des Friedens oder eine Angriffshandlung vorliegt; er gibt Empfehlungen ab oder beschließt, welche Maßnahmen auf Grund der Artikel 41 und 42 zu treffen sind, um den Weltfrieden und die internationale Sicherheit zu wahren oder wiederherzustellen.

Artikel 40

Um einer Verschärfung der Lage vorzubeugen, kann der Sicherheitsrat, bevor er nach Artikel 39 Empfehlungen abgibt oder Maßnahmen beschließt, die beteiligten Parteien auffordern, den von ihm für notwendig oder erwünscht erachteten vorläufigen Maßnahmen Folge zu leisten. Diese vorläufigen Maßnahmen lassen die Rechte, die Ansprüche und die Stellung der beteiligten Parteien unberührt. Wird den vorläufigen Maßnahmen nicht Folge geleistet, so trägt der Sicherheitsrat diesem Versagen gebührend Rechnung.

Artikel 41
Der Sicherheitsrat kann beschließen, welche Maßnahmen – unter Ausschluss von Waffengewalt – zu ergreifen sind, um seinen Beschlüssen Wirksamkeit zu verleihen; er kann die Mitglieder der Vereinten Nationen auffordern, diese Maßnahmen durchzuführen. Sie können die vollständige oder teilweise Unterbrechung der Wirtschaftsbeziehungen, des Eisenbahn-, See- und Luftverkehrs, der Post-, Telegrafen- und Funkverbindungen sowie sonstiger Verkehrsmöglichkeiten und den Abbruch der diplomatischen Beziehungen einschließen.

Artikel 42
Ist der Sicherheitsrat der Auffassung, dass die in Artikel 41 vorgesehenen Maßnahmen unzulänglich sein würden oder sich als unzulänglich erwiesen haben, so kann er mit Luft-, See- oder Landstreitkräften die zur Wahrung der internationalen Sicherheit erforderlichen Maßnahmen durchführen. Sie können Demonstrationen, Blockaden und sonstige Einsätze der Luft-, See- oder Landstreitkräfte von Mitgliedern der Vereinten Nationen einschließen.

Artikel 43
1. Alle Mitglieder der Vereinten Nationen verpflichten sich, zur Wahrung des Weltfriedens und der internationalen Sicherheit dadurch beizutragen, dass sie nach Maßgabe eines oder mehrerer Sonderabkommen dem Sicherheitsrat auf sein Ersuchen Streitkräfte zur Verfügung stellen, Beistand leisten und Erleichterungen einschließlich des Durchmarschrechts gewähren, soweit dies zur Wahrung des Weltfriedens und der internationalen Sicherheit erforderlich ist. [...]

Artikel 51
Diese Charta beeinträchtigt im Falle eines bewaffneten Angriffs gegen ein Mitglied der Vereinten Nationen keineswegs das naturgegebene Recht zur individuellen oder kollektiven Selbstverteidigung, bis der Sicherheitsrat die zur Wahrung des Weltfriedens und der internationalen Sicherheit erforderlichen Maßnahmen getroffen hat. Maßnahmen, die ein Mitglied in Ausübung dieses Selbstverteidigungsrechts trifft, sind dem Sicherheitsrat sofort anzuzeigen; sie berühren in keiner Weise dessen auf dieser Charta beruhende Befugnis und Pflicht, jederzeit die Maßnahmen zu treffen, die er zur Wahrung oder Wiederherstellung des Weltfriedens und der internationalen Sicherheit für erforderlich hält.

M3 Reformhürden der UN

Entscheidende (Reform-) Fortschritte sind [...] bis heute nicht erzielt worden. Dies hat zum einen mit der ungeheuren Komplexität der zur Entscheidung anstehenden Fragen zu tun. Denn wenn die VN-Strukturen den gewandelten weltpolitischen Realitäten angepasst werden sollen, dann muss eine umfassende Reformagenda abgearbeitet werden, die so unterschiedliche Materien wie die Zusammensetzung und die Befugnisse des Sicherheitsrates, das Völkerrecht und auch die zahlreichen Sonderorganisationen und Spezialorgane der VN umfasst. Zum anderen lässt sich nur ein kleiner Teil der Veränderungen auf dem Wege einer internen Organisationsreform verwirklichen, wohingegen die großen Strukturreformen eine Änderung der VN-Charta erforderlich machen. Für entsprechende Entscheidungen sind jedoch hohe Hürden aufgebaut – nämlich eine Zweidrittelmehrheit in der Generalversammlung, eine → **Ratifizierung** durch die Mehrheit der Mitgliedsstaaten und die Zustimmung des gesamten Sicherheitsrates. [...]

Thomas von Winter: Reform der Vereinten Nationen, in: Wissenschaftliche Dienste des Deutschen Bundestages, Info-Brief vom 13. Februar 2006, S. 5

M4 Die Reformvorschläge zum Sicherheitsrat

Der „Razali-Plan"
1997 wurde [...] ein erster konkreter Vorschlag zur Reform des Sicherheitsrats vorgelegt. Er gründete sich auf ausführliche Beratungen mit 165 Mitgliedsstaaten und spiegelte daher die Präferenzen ihrer Mehrheit wider. Seine Kerngedanken: die Schaffung von 5 neuen ständigen Sitzen, davon 2 für Industrieländer und je einen für ein Land aus den großen Regionen Afrika, Asien und Lateinamerika mit der Karibik; diese drei Regionen sollten außerdem je einen zusätzlichen nichtständigen Sitz erhalten, ebenso die osteuropäische Gruppe; der Sicherheitsrat würde damit um 9 auf insgesamt 24 Sitze erweitert; eine Ausweitung des Vetorechts auf neue ständige Mitglieder war nicht vorgesehen. Der „Razali-Plan" kam nicht zur Abstimmung. [...]

Die Reformvorschläge der „Hochrangigen Gruppe"
Die Debatte um die Reform des Sicherheitsrates belebte sich erst wieder nach dem Irak-Krieg. [...] Kofi Annan beauftragte eine Gruppe international angesehener Politiker und Diplomaten [...], einen Bericht zu erstellen, der die wichtigsten Bedrohungen der internationalen Sicherheit analysiert, Wege zu ihrer Prävention und Bekämpfung aufzeigt und Vorschläge für die dafür erforderlichen institutionellen Reformen machen sollte. Dieser Bericht erschien im Dezember 2004 [...]. Er empfiehlt – wie der Razali-Plan – eine Erweiterung des Sicherheitsrats um 9 Sitze und schlägt dafür zwei alternative Modelle (A und B) vor:
Modell A ähnelt dem Razali-Plan, sieht allerdings 6 neue ständige und 3 neue nichtständige Sitze vor, alle ohne Vetorecht. Dies berücksichtigt die Forderung der afrikanischen Staaten nach zwei ständigen Sitzen für diese Region.
Modell B schafft keine neuen ständigen und nur einen einzigen neuen nichtständigen Sitz. Dazu kommen 8 Sitze einer neuen Kategorie mit vierjähriger Amtszeit und Wiederwahlmöglichkeit (die gegenwärtig existierenden nichtständigen Sitze haben eine zweijährige Amtszeit und keine Wiederwahlmöglichkeit). Auf diesen Sitzen sollen sich eine Reihe nach bestimmten Kriterien ausgewählter „mittlerer" Staaten ablösen. [...]

www.auswaertiges-amt.de, vom 25. Juni 2009

ARBEITSAUFTRÄGE

1. *Erläutern Sie die Funktionsweise des UN-Sicherheitsrates!*
2. *Wenn Eskalation bedeutet, die politischen und militärischen Mittel zu verschärfen, ist die UN dann zu einer kontrollierten Eskalation in der Lage?*
3. *Diskutieren Sie unter der Berücksichtigung der Reformvorschläge, inwiefern eine Reform des UN-Sicherheitsrates notwendig ist!*
4. *Erörtern Sie die Chancen und Risiken der Agenda für den Frieden!*

3.2 North Atlantic Treaty Organization (NATO) – Nordatlantische Vertragsorganisation

Als 1991 die Union der Sozialistischen Sowjetrepubliken zerfiel, war faktisch auch der Kalte Krieg endgültig beendet. Gleichzeitig löste sich das militärische Bündnis der ehemaligen sowjetischen Supermacht und seiner osteuropäischen Verbündeten, der → **Warschauer Pakt**, auf. Übrig blieb die North Atlantic Treaty Organization, kurz NATO oder zu deutsch Nordatlantische Vertragsorganisation. Ursprünglich als Gegengewicht zur Sowjetunion von den USA, Kanada und Westeuropa im → **Kalten Krieg** 1949 gegründet (Beitritt der Bundesrepublik Deutschland 1955), bestand die Hauptaufgabe der NATO darin, potenzielle Gegner durch eigene militärische Stärke abzuschrecken. Diese Gefahr existierte Anfang der 1990er Jahre akut nicht mehr.

Die NATO sah allerdings keine Veranlassung sich aufzulösen. Bis 2004 wuchs sie auf 26 Mitglieder und umfasst nunmehr auch eine Reihe von Warschauer-Pakt-Staaten und ehemalige sowjetrussische Gebiete. Zu den Gründungsmitgliedern zählen Belgien, Dänemark, Frankreich, Island, Italien, Kanada, Luxemburg, die Niederlande, Norwegen, Portugal, die USA sowie Großbritannien. 1952 traten die Türkei und Griechenland der Organisation bei und seit 1955 ist die Bundesrepublik Deutschland Mitglied der NATO. Spanien ist dem Bündnis 1982 beigetreten. 1990 erfolgte die Ausdehnung des NATO-Vertrags auf das gesamte Deutschland. Im Zuge der NATO-Osterweiterung wurden 1999 Tschechien, Polen, Ungarn sowie 2004 noch Estland, Lettland, Litauen, Bulgarien, Rumänien, die Slowakei und Slowenien Mitglieder der NATO.

Um den Eindruck einer unmittelbaren Bedrohung zu verhindern, kooperieren NATO und Russland im ständigen NATO-Russland-Rat miteinander. Grundsätzlich, auch wenn es inner- und außerhalb des Bündnisses unterschiedliche Meinungen gibt, ist die NATO bereit, weitere Mitglieder aufzunehmen. Voraussetzung für eine solche Aufnahme ist die Zustimmung aller Mitglieder, dass der Bewerber kein sicherheits-, innen- oder außenpolitisches Risiko darstellt, eine funktionsfähige Demokratie hat, keine strittigen Grenzfragen mit den Nachbarstaaten austrägt, die Menschen- und Minderheitenrechte einhält und seine Streitkräfte dem NATO-Standard anpasst. Mittlerweile sieht sich die NATO im Rahmen der Krisenbewältigung und Konfliktverhütung veranlasst, auch ohne völkerrechtliches Mandat international einzugreifen sowie den Kampf gegen den internationalen Terrorismus zu unterstützen.

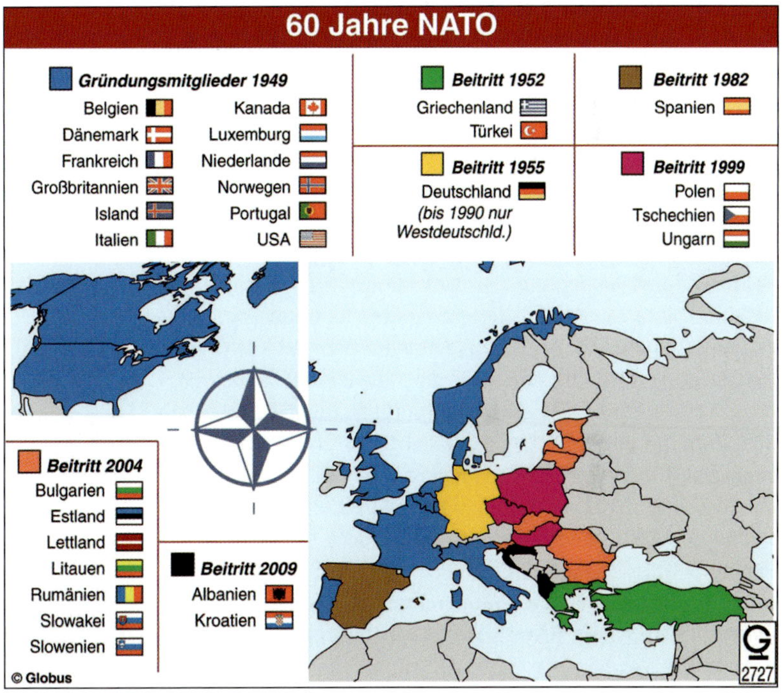

Abb. 41.1: 60 Jahre NATO

M1 Nordatlantikvertrag, Washington D.C., 4. April 1949

Präambel

Die Parteien dieses Vertrags bekräftigen erneut ihren Glauben an die Ziele und Grundsätze der Satzung der Vereinten Nationen und ihren Wunsch, mit allen Völkern und Regierungen in Frieden zu leben. Sie sind entschlossen, die Freiheit, das gemeinsame Erbe und die Zivilisation ihrer Völker, die auf den Grundsätzen der Demokratie, der Freiheit der Person und der Herrschaft des Rechts beruhen, zu gewährleisten. Sie sind bestrebt, die innere Festigkeit und das Wohlergehen im nordatlantischen Gebiet zu fördern [...]

Artikel 5

Die Parteien vereinbaren, dass ein bewaffneter Angriff gegen eine oder mehrere von ihnen in Europa oder Nordamerika als ein Angriff gegen sie alle angesehen wird; sie vereinbaren daher, dass im Falle eines solchen bewaffneten Angriffs jede von ihnen in Ausübung des in Artikel 51 der Satzung der Vereinten Nationen anerkannten Rechts der individuellen oder kollektiven Selbstverteidigung der Partei oder den Parteien, die angegriffen werden, Beistand leistet, indem jede von ihnen unverzüglich für sich und im Zusammenwirken mit den anderen Parteien die Maßnahmen, einschließlich der Anwendung von Waffengewalt, trifft, die sie für erforderlich erachtet, um die Sicherheit des nordatlantischen Gebiets wiederherzustellen und zu erhalten.

www.auswaertiges-amt.de, vom 25. Juni 2009

M2 Das Strategische Konzept der NATO (1999)

Aufrechterhaltung und Stärkung der transatlantischen Bindung

Eine möglichst enge transatlantische Bindung verknüpft die Sicherheit Europas und Nordamerikas. Sie ist Voraussetzung für ein stabiles euro-atlantisches Sicherheitsumfeld und letztlich für eine gerechte und dauerhafte Friedensordnung. [...]

Aufrechterhaltung und Entwicklung effektiver militärischer Fähigkeiten

Damit soll sichergestellt werden, dass das Bündnis auf alle vorhersehbaren Risiken und Bedrohungen auch militärisch angemessen reagieren kann – durch Abschreckung, kollektive Verteidigung oder Krisenreaktionseinsätze.

Unterstützung der europäischen Sicherheits- und Verteidigungspolitik

Damit sollen die europäischen Verbündeten in die Lage versetzt werden, militärische Krisenreaktionseinsätze unter Führung und Verantwortung der EU durchzuführen, und zwar in Fällen, in denen sich das Bündnis als Ganzes nicht militärisch engagieren will oder kann. Das Bündnis würde dann seine militärischen Mittel und Fähigkeiten für diese EU-geführten Operationen zur Verfügung stellen. [...]

Konfliktverhütung und Krisenbewältigung

Bis zur Auflösung des Warschauer Pakts und der Sowjetunion im Jahre 1991 war die sicherheitspolitische Lage in Europa aufgrund des bestehenden strategischen Gleichgewichts zwischen den beiden „Blöcken" (Nordatlantisches Bündnis und Warschauer Pakt) weitgehend stabil. Die danach folgenden tief greifenden politischen Veränderungen in Mittel-, Ost- und Südosteuropa bargen jedoch ein gewisses Potenzial an Unsicherheit und Instabilität. Der Zerfall des ehemaligen Jugoslawien und die kriegerischen Auseinandersetzungen in Bosnien, im Kosovo und in Mazedonien machten deutlich, dass auch von lokal begrenzten Krisen und Konflikten eine Gefährdung für die Sicherheit und Stabilität des gesamten euro-atlantischen Raums ausgehen kann. Das Bündnis beschloss daher, durch militärische Operationen in Bosnien, im Kosovo und in Mazedonien zur Krisenbewältigung und Verhütung weiterer Konflikte beizutragen.

Partnerschaft, Zusammenarbeit und Dialog

Durch umfassende An- und Einbindung aller Staaten im euro-atlantischen Raum sollen „Gemeinsamkeiten" geschaffen werden. Partnerschaft, Zusammenarbeit und Dialog sichern Frieden, Sicherheit und Stabilität und fördern Demokratie und Entwicklung [...].

Erweiterung

Artikel 10 des Nordatlantikvertrags begründet die Offenheit des Bündnisses für neue Mitglieder. Er besagt, dass jeder europäische Staat, der in der Lage ist, die Grundsätze dieses Vertrags zu fördern und zur Sicherheit des nordatlantischen Gebiets beizutragen, zum Bündnisbeitritt eingeladen werden kann.

Rüstungskontrolle, Abrüstung und Nichtverbreitung

Die militärischen Mittel und Fähigkeiten sollen auf das niedrigste Niveau gebracht werden, das für die Gewährleistung von Sicherheit und Stabilität sowie für die Erfüllung der Aufgaben des Bündnisses erforderlich ist.

Ständige Vetretung der Bundesrepublik Deutschland bei der NATO, www.nato.diplo.de, vom 10. Dezember 2007

M3 Ergebnisse des NATO-Gipfels in Prag 2002 (Auszug)

4. Wir unterstreichen, dass unsere Anstrengungen zur Umgestaltung und Anpassung der NATO von keinem Land und keiner Organisation als eine Bedrohung anzusehen sind, sondern vielmehr als Zeichen unserer Entschlossenheit, unsere Bevölkerung, unser Territorium und unsere Streitkräfte vor jedem bewaffneten Angriff zu schützen, der aus dem Ausland geführt wird, auch vor Terroranschlägen. Wir sind entschlossen, vor jedem gegen uns gerichteten Angriff abzuschrecken, solche Angriffe zu unterbinden und uns dagegen zu verteidigen und zu schützen, und zwar in Übereinstimmung mit dem Washingtoner Vertrag und der Charta der Vereinten Nationen. Um das volle Spektrum ihrer Aufgaben zu erfüllen, muss die NATO in der Lage sein, Streitkräfte einzusetzen, die schnell dorthin verlegt werden können, wo sie nach Entscheidung durch den Nordatlantikrat benötigt werden, und die Fähigkeit besitzen, Operationen über Zeit und Raum zu führen – auch in einem potenziellen nuklearen, biologischen und chemischen Bedrohungsumfeld – und ihre Ziele zu erreichen. Einsatzstarke militärische Kräfte, als essenzieller Teil unserer gesamtpolitischen Strategie, sind von entscheidender Wichtigkeit, um die Freiheit und Sicherheit unserer Bevölkerung zu gewährleisten und zu Frieden und Sicherheit im euro-atlantischen Raum beizutragen. Wir haben daher folgende Entscheidungen getroffen:

a) Schaffung von NATO-Reaktionskräften (NATO Response Force – NRF), die sich aus hochmodernen, flexiblen, dislozierbaren, zur Interoperabilität tauglichen und durchhaltefähigen Truppenteilen zusammensetzen, die Land-, See- und Luftkontingente umfassen und bereitstehen, um sie nach Entscheidung durch den Rat schnell dorthin zu verlegen, wo sie benötigt werden. [...] (Es folgen unter dem Punkt 4 weitere militärpolitische Maßnahmen.)

Prager Gipfelerklärung der Staats- und Regierungschefs, www.uni-kassel.de/fb5/frieden/themen/NATO/prag-erklaerung.html, vom 25. Juni 2009

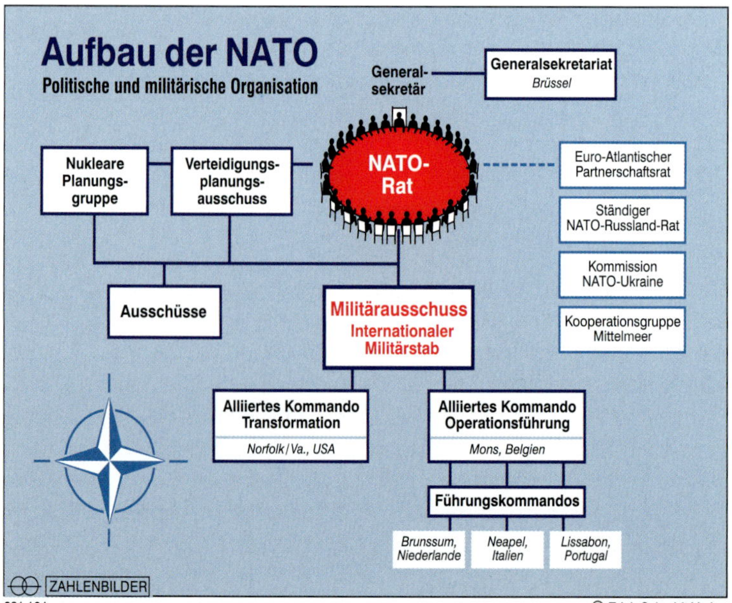

621 101 © Erich Schmidt Verlag

Abb. 42.1: Aufbau der NATO

M4 Verteidigungsbündnis oder Weltpolizist?

Die NATO befindet sich in einer Zwitterstellung: Sie ist noch immer Verteidigungsbündnis (System → **kollektiver Verteidigung**), sie ist aber zunehmend auch zum Instrument internationaler Krisenbeherrschung geworden (System → **kollektiver Sicherheit**). Den politischen Strukturveränderungen wurde einerseits mit der Schaffung neuer Mechanismen begegnet, wie etwa dem Euro-Atlantischen Partnerschaftsrat oder auch der Europäisierung. Der Fortbestand als bedeutsame internationale Organisation im gewandelten internationalen Umfeld wurde andererseits durch eine geradezu als radikal zu bezeichnende innere Reform gesichert, bei welcher der Funktionswandel vom Verteidigungsbündnis zum System kollektiver Sicherheit im Vordergrund stand. Das Ziel war nun nicht mehr, die NATO zu haben, um sie nicht einsetzen zu müssen, sondern vielmehr, die NATO zu verändern, um sie einsetzen zu können.

Denn trotz der wichtigen klassischen und der nicht weniger wichtigen neuen Aufgaben befindet sich die NATO in einem Dilemma. Der Außendruck, der vier Jahrzehnte lang wichtiges Bindeglied zwischen den Mitgliedstaaten war, ist weggefallen, und die Ausweitung des Aktionsradius des Bündnisses – welche die Allianz noch nicht zum Weltpolizisten, sehr wohl aber zu einem globalen Ordnungsfaktor macht – stellt bei jedem Einsatz eine enorme Herausforderung für die strategische Konsensbildung dar. Diese Entwicklung könnte dazu führen, dass bei sinkender unmittelbarer Bedrohung die Nutzung der Allianz als wichtigster sicherheits- und verteidigungspolitischer Bezugspunkt oder gar die Mitgliedschaft in der NATO von den Mitgliedstaaten nicht länger als sinnvoll bzw. erforderlich angesehen werden.

Der Rollenfindungsprozess der NATO im neuen sicherheitspolitischen Umfeld ist zwar weit vorangeschritten, aber alles andere als abgeschlossen. Die weitere Entwicklung der NATO hängt wesentlich von der Ausbildung der Interessenlage ihrer Mitglieder ab, insbesondere der Haltung der USA. Vermutlich werden sich in künftigen internationalen Krisen ganz verschiedene Koalitionen bilden; die Rolle und die Bedeutung der NATO dürften sich nach deren Brauchbarkeit bei der Koalitionsbildung wie auch nach der Verfügbarkeit ihrer Ressourcen bemessen. Die Allianz wird somit einen Standort im vierfachen Spannungsfeld zwischen einem „kollektiven Verteidigungsbündnis", einem „Clearing House für globale Interventionseinsätze", einem „Werkzeugkasten für amerikanische Ad-hoc-Koalitionen" sowie einem „System kollektiver Sicherheit" finden müssen.

Die Fliehkräfte und unterschiedlichen Sichtweisen zwischen den Mitgliedstaaten sind enorm. Ähnlich wie zu Zeiten des → **Harmel-Berichts** im Jahr 1967 stünde anlässlich des 60-jährigen Bestehens der Allianz im April 2009 eine Richtungsdebatte auf der Tagesordnung, welche die Mitgliedstaaten bisher allerdings noch nicht in der gebotenen Offenheit führen möchten. Zwar haben die 26 Mitglieder im November 2006 auf ihrem Gipfeltreffen in Riga die Comprehensive Political Guidance verabschiedet, eine Leitlinie, welche die Richtung für die Transformation der NATO vorgeben soll. [...] Diese bezieht sich aber – was bei einem Militärbündnis nicht überraschen sollte – vorwiegend auf die Frage der militärischen Fähigkeiten. Eine Neufassung des strategischen Konzepts aus dem Jahr 1999 steht hingegen aus.

Wichtige strategische Richtungsentscheidungen wie etwa die Frage nach der Rolle der Europäer im Bündnis, den politischen Rahmenbedingungen und der Wirksamkeit von Militäreinsätzen und den Umgang mit Terrorismus und Massenvernichtungswaffen, aber auch das Verhältnis zu Russland stellen sich heute anders dar als noch vor zehn Jahren. Daher dürfte die Debatte über ein neues strategisches Konzept der Allianz nach dem Jubiläumsgipfel an Fahrt gewinnen. Inwieweit die unterschiedlichen Ansichten über die Reichweite und die Aufgaben der Allianz in einen neuen Konsens überführt werden können, hängt maßgeblich davon ab, ob sich die Mitglieder in ihrer Bedrohungswahrnehmung und der Einschätzung sicherheitspolitischer Probleme einander annähern. [...]

Anhänger der neorealistischen Theorie der internationalen Politik prognostizierten nach dem Epochenwechsel 1989/90, dass die NATO ein disappearing thing und es nur eine Frage der Zeit sei, wie lange sie noch als bedeutsame Sicherheitsinstitution erhalten bleibe. Angesichts dieser Erwartung hat die Allianz erstaunliche Anpassungsfähigkeit gezeigt: Sie hat neue Aufgaben gesucht und auch gefunden. Auch wenn die Konturen der künftigen NATO heute allenfalls in Umrissen erkennbar und die Schwierigkeiten enorm sind: Die Erfahrungen aus sechs Jahrzehnten sprechen dafür, dass die Allianz gute Chancen hat, auch in den kommenden Jahrzehnten relevant zu bleiben.

Johannes Varwick: Auf dem Weg zum Weltpolizisten, in: Aus Politik und Zeitgeschichte, Band 15/16, Bonn 2009, S. 8 f.

ARBEITSAUFTRÄGE

1. *Die NATO versteht sich als Werte- und Verteidigungsgemeinschaft. Können Sie dieser Auffassung zustimmen?*
2. *Von welchen Bedrohungen geht die NATO-Strategie aus? Was hat sich im Hinblick auf den Prager NATO-Gipfel verändert?*
3. *Kritiker mahnen an, der Prager Beschluss der NATO sei eine weitere Hinwendung zu einer aggressiven Bündnispolitik. Erläutern Sie diese These und nehmen Sie dazu Stellung!*
4. *Problematisieren Sie die zukünftige Rolle der NATO nach Varwick! Berücksichtigen Sie dabei auch die unterschiedlichen Interessen der Mitgliedsstaaten.*
5. *Diskutieren Sie verschiedene Lösungsansätze für das derzeitige Dilemma der NATO!*
6. *Versetzen Sie sich nach der NATO-Erweiterung 2009 in die Lage Russlands und kommentieren Sie die Entwicklung des Transatlantischen Bündnisses!*

3.3 Europäische Sicherheits- und Verteidigungspolitik (ESVP) als Teil der Gemeinsamen Außen- und Sicherheitspolitik (GASP)

Mit dem „Vertrag von Lissabon" unterzeichneten die Staats- und Regierungschefs der 27 EU-Mitgliedsstaaten am 13. Dezember 2007 die grundlegende Reform der → **Europäischen Union.** Bis Ende 2009 soll der Reformvertrag in allen Mitgliedsstaaten → **ratifiziert** werden. Damit scheint die Krise nach der Ablehnung einer EU-Verfassung in Frankreich und den Niederlanden im Jahr 2005 überwunden. Unter anderem sollte die Außenpolitik der Europäischen Union effizienter gestaltet werden.

M1 Der EU-Außenminister gemäß EU-Reformvertrag

Die Bezeichnung „Außenminister" wurde vermieden, doch mit dem Amt des „Hohen Repräsentanten für Außen- und Sicherheitspolitik" werden die Kompetenzen des EU-Außenbeauftragten aufgewertet. Er erhält einen „Doppelhut": Zusätzlich zu den bisherigen Aufgaben übernimmt er jene des EU-Außenkommissars, wird Vizechef der Kommission und sitzt dem Rat der Außenminister vor. Ziel: mehr Kohärenz in der EU-Außenpolitik.

Hannelore Crolly/Christoph B. Schiltz: „Es ist vollbracht", in: DIE WELT vom 14.12.2007, S. 6

M2 Gemeinsame Außen- und Sicherheitspolitik

Der in **Maastricht** geschlossene Vertrag über die Europäische Union von 1992 enthielt erstmals vertragliche Bestimmungen für eine Gemeinsame Außen- und Sicherheitspolitik (GASP) der EU-Staaten, wobei die Mitgliedsstaaten sich zwar zur Koordinierung ihrer nationalen Politiken verpflichteten, auf ihre nationalen Zuständigkeiten in diesen Bereichen jedoch nicht verzichten wollten. Die GASP wurde deshalb zu einer „zweiten Säule" der EU neben der ersten Säule, die durch Gemeinschaftsverfahren mit Mehrheitsentscheidungen und einer starken Stellung der EU-Organe gekennzeichnet ist.

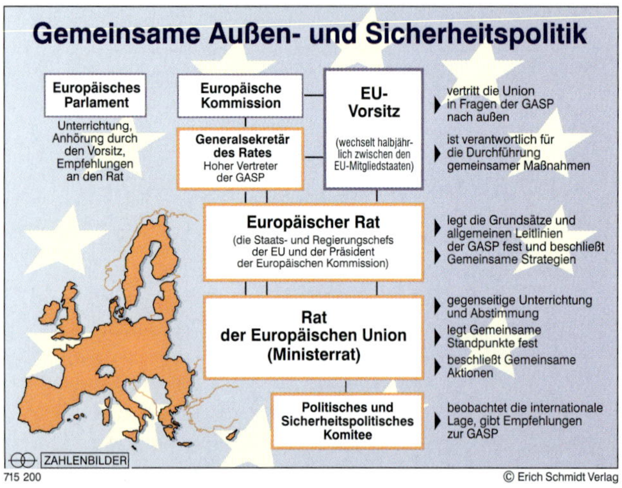

Abb. 44.1: Gemeinsame Außen- und Sicherheitspolitik

Hauptproblem der Bestimmungen des Unionsvertrags zur GASP ist der weiterhin vorhandene Zwang zur Einstimmigkeit. Dieser zentrale Schwachpunkt konnte – trotz zum Teil weit reichender Überarbeitungen der Bestimmungen in den **Verträgen von Amsterdam (1997) und Nizza (2000)** – nicht überwunden werden. Kritisiert werden auch die schwache Stellung des Europäischen Parlaments in der Außenpolitik und die fehlende Möglichkeit, rechtliche Fragen durch den Europäischen Gerichtshof prüfen zu lassen.

Die institutionellen Strukturen der GASP sind vergleichsweise kompliziert: Wesentliche Beschlüsse werden vom Europäischen Rat der EU-Staats- und Regierungschefs einstimmig beschlossen. Lediglich nachfolgende Ausführungsbeschlüsse können vom Rat der Außenminister mit Mehrheit getroffen werden. Die Außenrepräsentation nimmt seit dem Amsterdamer Vertrag von 1997 die sogenannte Troika wahr. Sie besteht aus dem Land, das gerade für sechs Monate den Vorsitz im Rat innehat, dem für die Außenpolitik zuständigen Mitglied der Kommission und dem „Hohen Vertreter" der GASP, der zugleich Generalsekretär des Rates ist. Seit Oktober 1998 hat der frühere NATO-Generalsekretär und spanische Außenminister Javier Solana die Funktion des „Hohen Vertreters" der GASP inne.

Otto Schmuck: Internationales Engagement, in: Information zur politischen Bildung: Europäische Union, überarbeitete Neuauflage Bonn 2005, S. 43

M3 Die Europäische Sicherheitsstrategie

Der Europäische Rat hat am 12. Dezember 2003 die Europäische Sicherheitsstrategie mit dem Titel „Ein sicheres Europa in einer besseren Welt" verabschiedet [...]. Die Europäische Sicherheitsstrategie dient der strategischen Positionsbestimmung nach dem doppelten Paradigmenwechsel von 1989/90 und dem 11. September 2001. [...] Vor diesem Hintergrund definiert sie drei übergeordnete Ziele:

- Angesichts der neuen Bedrohungen, die nie rein militärischer Natur sind und denen deshalb auch niemals nur mit militärischen Mitteln begegnet werden kann, muss sich die EU frühzeitig mit dem gesamten ihr zur Verfügung stehenden Instrumentarium engagieren. Die erste „Verteidigungslinie", so die Strategie, wird hierbei oft im Ausland liegen. Frühzeitiges Handeln und die Bekämpfung von Konfliktursachen haben Vorrang.
- Bei aller Bedeutung der EU als globalem Akteur setzt die Strategie einen Schwerpunkt auf die Schaffung von Sicherheit in unserer unmittelbaren Nachbarschaft, mit dem Ziel, dass von den östlichen Grenzen der EU bis zum Mittelmeer ein Bogen stabiler und verantwortungsvoll regierter Staaten entsteht.
- Die EU bekennt sich zu einer Weltordnung auf der Grundlage eines wirksamen Multilateralismus und des Völkerrechts. Damit wird die Überzeugung der Europäer zum Ausdruck

gebracht, dass keine Nation den neuen globalen Bedrohungen im Alleingang gewachsen ist. […]

Die Bundesregierung: Europäische Sicherheits- und Verteidigungspolitik, hrsg. vom Bundesministerium der Verteidigung und dem Auswärtigen Amt, Berlin Dezember 2006, S. 7–9

„Ein sicheres Europa in einer besseren Welt“		
Sicherheitsumfeld	strategische Ziele	Auswirkungen auf die europäische Politik
globale Herausforderungen: – Globalisierung – Armut/Krankheiten – Wettstreit um Naturressourcen – Energieabhängigkeiten	– Abwehr von Bedrohungen – Stärkung der Sicherheit in unserer Nachbarschaft – eine Weltordnung auf der Grundlage eines wirksamen Multilateralismus	– Ausbau der Handlungsfähigkeit – präventives Engagement – mehr Kohärenz – Zusammenarbeit mit den Partnern
Hauptbedrohungen: – Terrorismus – Verbreitung von Massenvernichtungswaffen – regionale Konflikte – Scheitern von Staaten – organisierte Kriminalität		

Die europäische Sicherheitsstrategie vom Dezember 2003 identifiziert Hauptbedrohungen und Herausforderungen für die europäische Sicherheit, strategische Ziele und Auswirkungen auf die europäische Politik.

Weißbuch 2006 zur Sicherheitspolitik Deutschlands und zur Zukunft der Bundeswehr, hrsg. vom Bundesministerium der Verteidigung, Berlin 2006, S. 47

M4 Zur Entwicklung der ESVP

Im Rahmen ihrer Gemeinsamen Außen- und Sicherheitspolitik entwickelt die EU auch eine eigene Europäische Sicherheits- und Verteidigungspolitik (ESVP). Die Weichen dafür wurden von den EU-Gipfeln in Köln und Helsinki 1999 gestellt. Künftig will die EU in der Lage sein, in Fragen der Konfliktverhütung und Krisenbewältigung eigenständig zu entscheiden, und in internationalen Krisen, in denen die NATO als Ganzes nicht aktiv wird, auch militärisch einzugreifen. Gestützt auf ein UN- oder OSZE-Mandat, soll sie das gesamte Spektrum der sogenannten Petersberg-Aufgaben – humanitäre Aufgaben und Rettungseinsätze, friedenserhaltende Aufgaben, Kampfeinsätze zur Krisenbewältigung – aus eigener Kraft wahrnehmen können. War ursprünglich die → **WEU** als „militärischer Arm“ der EU vorgesehen, so hat die Gemeinschaft inzwischen eigene Krisenbewältigungsstrukturen aufgebaut. Ein Eingreifen in internationalen Konflikten kann sowohl nichtmilitärische als auch militärische Fähigkeiten erfordern. Bei den nichtmilitärischen Aufgaben legt die EU den Schwerpunkt auf den Einsatz von Polizeikräften, die Stärkung des Rechtsstaats (Justiz, Strafvollzug usw.), die Stärkung der Zivilverwaltung und den Zivilschutz in den Krisengebieten. Zur Bewältigung militärischer Aufgaben wollen die EU-Mitgliedsstaaten bis zu 60000 Mann als Schnelle Eingreiftruppe zur Verfügung stellen, dazu auch die notwendigen Kapazitäten für Führung, Aufklärung, Logistik usw. Die Kräfte sollen rasch in Krisenzonen verlegt werden und ihren Einsatz mindestens ein Jahr aufrechterhalten können. Ihre ersten Missionen übernahmen EU-Truppen 2003 in Mazedonien und im Kongo. […]

Kommentar zu ESV 715210, Zahlenbilder, Erich Schmidt Verlag, Berlin

M5 ESVP vor der Bewährung

[…] Der Erfolg der ESVP hängt von drei Faktoren ab. Erstens müssen diejenigen Staaten, die eine eigenständige und handlungsfähige europäische Sicherheits- und Verteidigungspolitik fordern, auch auf mehr Souveränität verzichten, sie müssen Macht von der nationalen an die supranationale Ebene abtreten. […] Zweitens bedeutet ESVP, dass die Staaten nicht mehr im gleichen Tempo zusammenwachsen – die Integration wird differenziert (z.B. durch Rüstungsprojekte weniger Mitgliedsstaaten). […] Drittens muss sich Europa über seine Rolle gegenüber den USA bewusst werden. […] Die zentrale Herausforderung besteht darin, gemeinsam mit den USA und anderen Weltmächten ein internationales Ordnungssystem zu schaffen, das seit dem Ende der Ost-West-Konfrontation zwar gefordert, aber noch nicht gefunden wurde.

Franco Algieri: Europa am Ende der Unschuld, in: Süddeutsche Zeitung vom 17./18. April 2003

Kleine und große Differenzen

[…] Viele osteuropäische Länder halten die Partnerschaft mit den Vereinigten Staaten für eine unerlässliche Sicherheitsgarantie gegenüber der früheren Hegemonialmacht Russland. In Frankreich und Deutschland dagegen ist man um einen Ausgleich mit Moskau bemüht, liebäugelte sogar eine Zeit lang mit einer europäisch-russischen Achse als Gegengewicht zu den Vereinigten Staaten. […]

Nikolas Busse: EU-Osterweiterung – Weltpolitik mit 25 Meinungen, in: Frankfurter Allgemeine Zeitung vom 27. April 2004, S. 5

ARBEITSAUFTRÄGE

1. *Fassen Sie die Funktionsweise der GASP zusammen und erläutern Sie die daraus resultierenden Probleme!*
2. *Erklären Sie die Europäische Sicherheitsstrategie!*
3. *Überprüfen Sie, ob mit der ESVP nicht eine Doppelstruktur zur NATO aufgebaut wird, die das transatlantische Bündnis schwächt!*
4. *Welche Risiken und Chancen für die GASP/ESVP entstehen durch eine weitere EU-Erweiterung?*

4 Der politische Willensbildungsprozess in Deutschland bei einem Auslandseinsatz der Bundeswehr

Im Folgenden soll am Beispiel des Afghanistan-Konflikts der politische Willensbildungsprozess bei einem Auslandseinsatz der Bundeswehr exemplarisch nachvollzogen werden. Gilt es zunächst zu erklären, was unter einem politischen Willensbildungsprozess zu verstehen ist, zeichnet ein kurzer Überblick die Geschichte des Afghanistan-Konflikts nach.

Neben den Aufgaben und Funktionsweisen der politischen Institutionen, die am politischen Willensbildungsprozess beteiligt sind, wird immer wieder an einzelnen Beispielen der Zusammenhang zum Afghanistan-Konflikt hergestellt.

M1 Politische Willensbildung

Allgemein: P.W. ist ein Prozess, bei dem (mit unterschiedlichem Gewicht) bestimmte Gegebenheiten (Zustände, Fakten) und bestimmte Absichten (Interessen, Ideen) zu politischen Überzeugungen, zu politischen Zielen und ggf. politischen Handlungen führen.

Speziell: P.W. ist ein Prozess, bei dem die Meinungen und Wünsche Vieler durch dazu beauftragte (z.B. Parteien) oder selbst ernannte Einrichtungen (z.B. Verbände, Initiativen) zum Ausdruck gebracht werden (z.B. mittels öffentlicher Äußerungen, Forderungen, Programme etc.: Artikulationsfunktion) und von politischen Einrichtungen (Parteien, Parlamenten) ganz oder teilweise aufgenommen und mit anderen Interessen und Zielen zusammengefasst werden (Aggregationsfunktion), um schließlich zur politischen Entscheidung zu kommen.

Klaus Schubert/Martina Klein: Politiklexikon, Bonn 2006, S. 236

M2 Dimensionen der Politik

Dimensionen	Kategorien	Schlüsselfragen
Polity (Form) Politischer Handlungsrahmen	internationale Abkommen und Regelungen Grundgesetz zentrale Verfassungsprinzipien politische Institutionen Gesetze und Rechtsnormen	Welche internationalen Abkommen/Regelungen bestimmen den Handlungsrahmen? Welche Grundgesetzartikel werden berührt? Welche zentralen verfassungsrechtlichen Prinzipien müssen berücksichtigt werden? Welche politischen Institutionen sind an politischen Entscheidungen beteiligt und welche Kompetenzen haben sie? Welche Gesetze und Rechtsnormen spielen eine Rolle?
Policy (Inhalt) inhaltliches Handlungsprogramm	politisches Problem Programme/Ziele Lösungen Ergebnisse der Politik Bewertung der Politik	Um welches politische Problem geht es? Welche Ziele sollen erreicht werden? Welche Lösungsvorschläge werden diskutiert? Zu welchen Ergebnissen hat die Politik geführt? Wie werden die Ergebnisse bewertet?
Politics (Prozess) politischer Willensbildungs- und Entscheidungsprozess	politische Akteure/ Beteiligte, Betroffene Partizipation Konflikte Kampf um Machtanteile und um Entscheidungsbefugnis Interessen(vermittlung) -artikulation -auswahl -bündelung -durchsetzung Legitimationsbeschaffung – Verhandlungen – Kompromisssuche – Konsensfindung	Welche politischen Akteure stehen im Mittelpunkt? Wer ist beteiligt, wer ist betroffen? Welche Chancen der Mitwirkung bestehen und welche werden genutzt? Wie verlaufen die Konfliktlinien? Welche Machtstrukturen lassen sich feststellen und was beeinflusst sie? Welche Interessen können definiert werden, wie werden sie vermittelt und durchgesetzt? Wie werden Mehrheiten gefunden und wie wird Zustimmung gesucht?

Bundeszentrale für politische Bildung (Hrsg.): Politikdidaktik kurzgefasst, Bonn 1994, S. 31 f.

M3 Beispiel Afghanistan: ein Konflikt mit deutscher Beteiligung

Am 11. September 2001 ereigneten sich die weltweit schwersten Terroranschläge. Zwei Flugzeuge flogen in den Nord- bzw. Südturm des World Trade Centers in New York. Eine weitere Maschine beschädigte das amerikanische Verteidigungsministerium, das Pentagon, schwer. Ein viertes Flugzeug mit unbekanntem Anschlagsziel stürzte in der Nähe von Pittsburgh ab. Diese Anschlagsserie war vom islamistischen Terrornetzwerk → **El Kaida** unter der Führung von Osama bin Laden geplant und durchgeführt worden. Die Anschläge forderten über 3000 Todesopfer. Am 12. September beschloss der Sicherheitsrat der Vereinten Nationen die Resolution 1368. Am gleichen Tag stellte der Nordatlantikrat zum ersten und bisher einzigen Mal den Bündnisfall der NATO fest und präzisierte die Beistandspflicht am 4. Oktober 2001.

Am 7. Oktober 2001 begann der amerikanische Angriff – für die USA legitimiert durch die Resolution 1368 und den Artikel 51 der UN-Charta – auf das talibangeführte Afghanistan. Die militärische Umsetzung der Operation → **Enduring Freedom** hatte begonnen. In der Vergangenheit hatte das → **Taliban-Regime** islamistische Extremisten, u.a. für El Kaida, unterstützt: Afghanistan galt als Ausbildungs- und Rückzugsbasis. Im Dezember 2001 waren auch die Talibanhochburgen im Süden Afghanistans erobert.

Am 7. November 2001 beschloss der deutsche Bundestag mit zwei Stimmen Mehrheit den Einsatz der Bundeswehr im Rahmen von „Enduring Freedom".

Nach dem Einsetzen einer afghanischen Übergangsregierung sollte ein demokratischer Wiederaufbau des Landes durchgeführt werden.

Mit der Resolution 1386 vom 20. Dezember 2001 genehmigte der Sicherheitsrat die ISAF (International Security Assistance Force/Internationale Sicherheitsunterstützungsgruppe) für Afghanistan, an der u.a. auch die Bundesrepublik Deutschland beteiligt ist. ISAF steht seit August 2003 auf Beschluss der UNO unter der Führung der NATO.

Abb. 47.2: ISAF-Regionen in Afghanistan

ISAF unterteilt Afghanistan in fünf Regionen: In der Nordregion bildet Deutschland seit Juni 2006 die Führung. Insgesamt sind 26 Provincial Reconstruction Teams (PRT) in Afghanistan im Einsatz (Stand 2008).

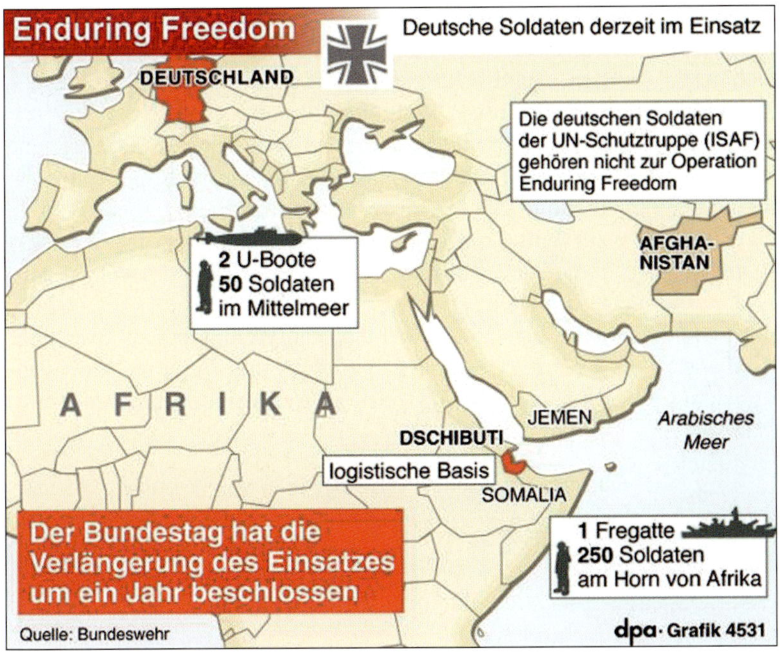

Abb. 47.1: Enduring Freedom

Insgesamt ist die Lage am Hindukusch instabil. Die wieder erstarkten Taliban im Süden des Landes und die Region im afghanisch-pakistanischen Grenzgebiet gelten als besonders unsicher. Zunehmend müssen ISAF-Kräfte in Zusammenarbeit mit afghanischen Sicherheitskräften offensiv gegen die Gegner der Regierung in Kabul vorgehen, um die erreichten Fortschritte zu verteidigen.

Ingo Langhans, eigener Text

ARBEITSAUFTRÄGE

1. *Was haben der politische Willensbildungsprozess und die die Dimensionen der Politik gemeinsam? Wo liegen Unterschiede?*
2. *Stellen Sie die Dimensionen der Politik mithilfe von M3 dar und ergänzen Sie gegebenenfalls! Ziel ist ein umfangreiches Bild des Afghanistan-Konflikts.*

4.1 Deutsche Sicherheitspolitik und die Rolle der Bundeswehr

Deutschland ist seit der Wiedervereinigung als außenpolitischer Akteur von immer größerer Bedeutung. Dieses ist auf eine ganze Reihe von Faktoren zurückzuführen:

- Deutschland ist neben den USA und Japan die drittgrößte Wirtschaftsmacht der Welt. Die Bundesrepublik ist nicht nur Exportweltmeister, sondern gleichzeitig eine Importnation. Daher rühren nicht nur eine internationale Abhängigkeit, die eine weitgehend friedliche Außenpolitik voraussetzt, sondern auch eine Reihe bilateraler und multilateraler Beziehungen.
- Deutschland liegt im geografischen Zentrum Europas und ist mit 82 Millionen Einwohnern eines der bevölkerungsreichsten Länder in dieser Region. Neben Frankreich gehört die Bundesrepublik Deutschland zu den Motoren der → **Europäischen Union.** Gleichzeitig ist Deutschland wirtschaftlicher Knotenpunkt zwischen der Alt-EU im Westen und den neuen Mitgliedern in Mittel- und Osteuropa.
- Deutschland übernimmt zunehmend internationale Verantwortung, z.B. bei UN-, OSZE- oder NATO-Missionen. Bosnien-Herzegowina, Kosovo, Afghanistan oder Libanon sind einige Regionen, in denen deutsche Soldaten, aber auch zivile Helfer im Einsatz sind und internationale Verantwortung übernehmen.
- Deutschland liegt nicht mehr am Rand eines politischen Bündnissystems, sondern in der Mitte zwischen Ost und West. Bis zur NATO-Erweiterung 1999 lag es an der Grenze zum ehemaligen Ostblock. Mittlerweile ist Deutschland nicht mehr das potenzielle Schlachtfeld des Kalten Krieges, sondern fast ausschließlich von Bündnispartnern umgeben.
- Der Übergang von zwei zu mehreren Machtzentren lässt die politische Bedeutung der Bundesrepublik Deutschland wachsen. Zwar werden die USA immer noch als verbleibende Supermacht bezeichnet, jedoch hat sich der Einfluss der Nationalstaaten in den Regionen zum Teil verstärkt. Dieser Umstand schließt jedoch regionale Instabilitäten, z.B. auf dem Balkan oder im Nahen Osten, nicht aus.

M1 Grundlagen deutscher Außenpolitik nach 1989

Das Grundgesetz der Bundesrepublik gibt in der Präambel und vier Artikeln (1, 9, 24 und 26) Auskunft über die Grundprinzipien der deutschen Außenpolitik: Wahrung des internationalen Friedens, Verbot von Angriffskriegen, Entscheidung für eine offene Zusammenarbeit mit transnationalen Institutionen, einschließlich der Möglichkeit zur Übertragung von Souveränitätsrechten auf internationale Organisationen sowie die Wahrung und Verwirklichung der Menschenrechte. Diese Grundprinzipien gelten auch unter den veränderten politischen Rahmenbedingungen fort, die sich in den 15 Jahren seit dem Zusammenbruch des kommunistischen Ostblocks bis hin zu den Terroranschlägen des 11. September 2001 und dem Irakkrieg 2003 mehrmals fundamental verschoben haben. Mit der Wiedervereinigung haben sich die Handlungsspielräume und die Aufgaben der deutschen Außenpolitik erheblich erweitert. Krisenprävention, Krisenmanagement und Krisenbewältigung kamen auf die Agenda. Der engagierte Friedenseinsatz von Entwicklungshelfern, zivilen Ausbildern, aber auch deutscher Soldaten auf dem Balkan, am Horn von Afrika oder in Afghanistan macht deutlich, dass Deutschland sich seinen neuen Herausforderungen stellt. Gleichzeitig geht es uns darum, Krisen frühzeitig zu erkennen und zu handeln, bevor es zu einer Eskalation kommt. Ein Blick auf aktuelle Krisenherde zeigt, dass Konflikte oft dann entstehen, wenn Menschen- oder Minderheitenrechte systematisch verletzt werden. Unser Einsatz für die Achtung der Menschenrechte ist daher auch ein Beitrag zur Krisenprävention.

Auswärtiges Amt (Hrsg.): In der Welt. Schwerpunkte und Standpunkte des Auswärtigen Amtes 2005/2006, Berlin 2006, S. 18

M2 Sicherheitspolitische Ausrichtung der Bundesrepublik Deutschland

Die Sicherheitspolitik Deutschlands wird von den Werten des Grundgesetzes und dem Ziel geleitet, die Interessen unseres Landes zu wahren, insbesondere:

- Recht und Freiheit, Demokratie, Sicherheit und Wohlfahrt für die Bürgerinnen und Bürger unseres Landes zu bewahren und sie vor Gefährdungen zu schützen,
- die Souveränität und die Unversehrtheit des deutschen Staatsgebietes zu sichern,
- regionalen Krisen und Konflikten, die Deutschlands Sicherheit beeinträchtigen können, wenn möglich vorzubeugen und zur Krisenbewältigung beizutragen,
- globalen Herausforderungen, vor allem der Bedrohung durch den internationalen Terrorismus und die Weiterverbreitung von Massenvernichtungswaffen, zu begegnen,
- zur Achtung der Menschenrechte und Stärkung der internationalen Ordnung auf der Grundlage des Völkerrechts beizutragen,
- den freien und ungehinderten Welthandel als Grundlage unseres Wohlstands zu fördern und dabei die Kluft zwischen armen und reichen Weltregionen überwinden zu helfen.

Bundesministerium der Verteidigung (Hrsg.): Weißbuch zur Sicherheitspolitik Deutschlands und zur Zukunft der Bundeswehr 2006, Berlin 2006, S. 28

M3 Auftrag der Bundeswehr

Der Auftrag der Bundeswehr ist eingebunden in die gesamtstaatliche Sicherheitsvorsorge. Die Bundeswehr als Instrument einer umfassend angelegten und vorausschauenden Sicherheits- und Verteidigungspolitik

- sichert die außenpolitische Handlungsfähigkeit,
- leistet einen Beitrag zur Stabilität im europäischen und globalen Rahmen,
- sorgt für die nationale Sicherheit und Verteidigung,
- trägt zur Verteidigung der Verbündeten bei,
- fördert multinationale Zusammenarbeit und Integration.

Bundesministerium der Verteidigung (Hrsg.): Weißbuch zur Sicherheitspolitik Deutschlands und zur Zukunft der Bundeswehr 2006, Berlin 2006, S. 70

M4 Aufbau und Aufgabe der Bundeswehr

Besaß die Bundeswehr im Kalten Krieg noch eine Sollstärke von etwa 500 000 Soldaten, geht man bis zum Jahr 2010 von 250 000 Bundeswehrsoldaten aus, wovon etwa 20 % Wehrpflichtige und der Rest Zeit- und Berufssoldaten sind. Die Bundeswehr gliedert sich in die Teilstreitkräfte Heer, Marine und Luftwaffe. Im Rahmen des Auftrages und der Transformation der Bundeswehr entwickeln sich drei Streitkräftekategorien:

Die **Eingreifkräfte** bestehen aus modernen kombinierten Land-, Luft- und Seestreitkräften, vornehmlich für NATO- und EU-Einsätze geplant, die friedenserzwingende Maßnahmen gegen einen militärischen Gegner durchsetzen sollen. Bei den **Stabilisierungskräften** handelt es sich um friedensstabilisierende Einsatzkräfte, die für einen längeren Zeitraum in multinationalen Verbänden eine friedenserhaltende Operation sichern können und gleichzeitig oder nach den Eingreifkräften in einem Krisengebiet operieren. Der Unterstützung der Eingreifkräfte und Stabilisierungskräfte dienen die **Unterstützungskräfte.** Ihre Aufgabe besteht in der Vorbereitung und der Durchführungshilfe von Einsätzen der Eingreif- und Stabilisierungskräfte sowie Logistik, Ausbildung, Verwaltung und in der Sicherung des Grundbetriebes der Bundeswehr.

Aus dem Auftrag der Bundeswehr und der Streitkräftestruktur ergeben sich folgende Aufgaben der Bundeswehr:

- internationale Konfliktverhütung und Krisenbewältigung einschließlich des Kampfes gegen den internationalen Terrorismus
- Unterstützung von Bündnispartnern
- Schutz Deutschlands und seiner Bevölkerung
- Rettung und Evakuierung
- Partnerschaft und Kooperation
- subsidiäre Hilfeleistungen

Ingo Langhans, eigener Text

M5 Auszüge aus den verteidigungspolitischen Richtlinien

9. Das sicherheitspolitische Umfeld Deutschlands ist durch veränderte Risiken und neue Chancen gekennzeichnet. Eine Gefährdung deutschen Territoriums durch konventionelle Streitkräfte gibt es derzeit und auf absehbare Zeit nicht. Das Einsatzspektrum der Bundeswehr hat sich grundlegend gewandelt.

10. Die sicherheitspolitische Lage erfordert eine auf Vorbeugung und Eindämmung von Krisen und Konflikten zielende Sicherheits- und Verteidigungspolitik, die das gesamte Spektrum sicherheitspolitisch relevanter Instrumente und Handlungsoptionen umfasst und auf gemeinsamem Handeln mit Verbündeten und Partnern aufbaut. Für die Bundeswehr stehen Einsätze der Konfliktverhütung und Krisenbewältigung sowie zur Unterstützung von Bündnispartnern, auch über das Bündnisgebiet hinaus, im Vordergrund. [...]

42. Bewaffnete Einsätze der Bundeswehr – mit der möglichen Ausnahme von Evakuierungs- und Rettungsoperationen – werden gemeinsam mit Verbündeten und Partnern im Rahmen von VN, NATO und EU stattfinden.

43. Bei der Bewältigung der Herausforderungen des 21. Jahrhunderts fällt den VN eine herausragende Rolle zu. Der Sicherheitsrat der VN trägt nach der Charta die Hauptverantwortung für die Wahrung des Weltfriedens und der internationalen Sicherheit.

44. Internationale VN-Friedensmissionen haben sich erheblich gewandelt. Sie reichen von den klassischen Blauhelm-Missionen über die Konfliktverhütung durch politische Aktivitäten und vorbeugende Truppenstationierung bis hin zum Einsatz bewaffneter Kräfte zur Eindämmung von Konflikten und zur Stabilisierung der politischen Lage. Immer häufiger geht es auch um die Beendigung innerstaatlicher Konflikte und die Wiederherstellung friedlicher Lebensbedingungen für die Bevölkerung. Dafür benötigen Friedensmissionen ausgewogene militärische, zivile und polizeiliche Fähigkeiten. [...]

56. Darüber hinaus leistet die Bundeswehr breitgefächerte militärische Beiträge in den Einsatzgebieten, die von der Mithilfe bei der Gewährleistung von Sicherheit und Ordnung im jeweiligen Gebiet und der Unterstützung humanitärer Maßnahmen über Schutzmaßnahmen für eingesetzte militärische Kräfte – auch die anderer Nationen – bis hin zu Schutzvorkehrungen gegen Angriffe mit Massenvernichtungswaffen reichen können. Immer häufiger übernimmt die Bundeswehr Führungsaufgaben bei multinationalen Operationen.

Bundesministerium für Verteidigung (Hrsg.): Verteidigungspolitische Richtlinien für den Geschäftsbereich des Bundesministers der Verteidigung, Berlin 2003, S. 19–25

ARBEITSAUFTRÄGE

1. *Welches sind die Grundlagen deutscher Außenpolitik und welche Herausforderungen kommen auf die Bundesrepublik zu?*
2. *Bedeutet die Mitgliedschaft in mehreren internationalen Organisationen nicht automatisch einen Widerspruch in den außenpolitischen Handlungen? Begründen Sie!*
3. *Vergleichen Sie, inwiefern sich der Auftrag der Bundeswehr mit den verteidigungspolitischen Richtlinien von 2003 deckt!*

4.2 Funktionen und Wirkungen der Medien im politischen Willensbildungsprozess

Demokratie verlangt den mündigen, den informierten Staatsbürger, der sich ein Urteil über öffentliche Angelegenheiten bilden kann. Er ist hierbei auf die **Massenmedien** (Presse, Rundfunk, Fernsehen, Internet) angewiesen. Die Massenmedien stellen Öffentlichkeit her, in der verschiedene politische Meinungen von gesellschaftlichen Gruppen, Parteien und politischen Institutionen zu Wort kommen. Nur solche Meinungen, die in den Massenmedien zu Diskussionsthemen werden, haben in der Regel die Chance, öffentlich wirksam zu werden. Öffentliche Meinung wird somit entscheidend durch die **veröffentlichte Meinung** bestimmt. Daraus ergibt sich eine besondere **Verantwortung** der Massenmedien in der Demokratie.

Neben der Bildungs- und Unterhaltungsfunktion sollen die Medien auch **politische Funktionen** erfüllen:

- **Informationsfunktion:** Die Massenmedien sollen vollständig und objektiv über Ereignisse, Fakten und Ideen informieren, die für politische, gesellschaftliche, wirtschaftliche und kulturelle Entwicklung relevant sind. Da sie jedoch aus einer Vielzahl von Nachrichten auswählen müssen und diese Auswahl zwangsläufig immer subjektiv ist, kann sich die Forderung nach der Vollständigkeit und der Objektivität nicht auf ein einziges Massenkommunikationsmittel, sondern muss sich auf die Gesamtheit der Medien beziehen. Idealerweise sollen die Medien die Themen behandeln, die auch von den Bürgern als wichtig angesehen werden. Allerdings gibt es auch Situationen, in denen Medien bestimmte Themen überhaupt erst auf die Tagesordnung setzen **(Agenda-Setting)**.
- **Artikulationsfunktion:** Die Massenmedien sollen die unterschiedlichen Ansichten innerhalb der Gesellschaft zum Ausdruck bringen und damit zur Meinungsbildung der Bürger beitragen. Komplizierte politische Probleme und Zusammenhänge sollen verständlich und einsichtig vermittelt werden.
- **Kontrollfunktion:** Die Entscheidungen der politischen Institutionen sowie das Verhalten der Amtsinhaber sollen von den Medien kontrolliert, Missstände kritisiert werden. Damit ergänzen die Medien die Kritik- und Kontrollfunktion des Parlaments bzw. der Opposition. Nicht selten ist die Kontrolle der Medien dabei wirksamer als die des Parlaments.

Damit die Massenmedien ihre Aufgaben wahrnehmen können, müssen mehrere Voraussetzungen gegeben sein:

- Die Pressefreiheit muss gewährleistet sein (Art. 5 GG). Wichtige Detailregelungen betreffen das Zeugnisverweigerungsrecht für Journalisten vor Gericht; Journalisten müssen ihre Informanten vor Gericht in der Regel nicht preisgeben.
- Die Meinungsvielfalt muss sich in der Vielfalt der Presse- und Medienerzeugnisse wiederfinden. Problematisch ist in diesem Zusammenhang die wachsende Pressekonzentration. Einige wenige Großkonzerne beherrschen etliche Zeitungen, Zeitschriften, Fernseh- und Radiosender, Buchverlage und Internetportale. Dabei ist für den Nutzer noch nicht einmal immer ersichtlich, dass sich hinter einer scheinbaren Vielfalt der Pressetitel und Fernsehprogramme oft nur einige wenige Medienkonzerne verbergen. Wichtig ist in diesem Zusammenhang, inwieweit es dadurch zu regionalen Medienmonopolen kommt und inwieweit dadurch die innere Pressefreiheit, d. h. die journalistische Unabhängigkeit der Redakteure von den Verlegern, bedroht ist.

M1 Massenmedien als Anwälte der Schwachen

Geht man vom faktischen **Ungleichgewicht** der gesellschaftlichen Kräfte aus und hält am Ideal der **Chancengleichheit** fest, so kommt man zu der **Forderung**: Die Massenmedien sollten einen Beitrag zur Realisierung der pluralistischen Demokratie leisten, indem sie vor allem denjenigen Interessen publizistische Macht verleihen, die in der bestehenden Kräftekonstellation benachteiligt sind. [...] Die Massenmedien haben die Aufgabe, bestehende Ungleichheiten in den Einflusschancen **auszugleichen**.

Rainer Geissler: Partizipatorisch-pluralistische Demokratie und Medieninhalte. Ein Bezugsrahmen zur Analyse politischer Massenkommunikationsaussagen, in: Publizistik 24 (1979), Heft 2, S. 173 f. und 176–178

M2 Verzerrung der Politik durch Vereinfachung

Bei Menschen, die wenig lesen, verändern sich unter dem Eindruck des Fernsehens die Vorstellungen von Politik in unbekömmlicher Weise: Politik ist leichter als gedacht, ist spannend, Elemente eines Kasperle-Theaters treten hervor: Es geschieht viel, man schlägt aufeinander ein, man streitet sich. Ganz anders formt sich das Bild von Politik, wenn neben dem Fernsehen regelmäßig Zeitung gelesen wird: Mutig, vertraut, bedeutsam – aber auch schwierig: Diese Assoziationen zu „Politik" verstärken sich in erster Linie. [...]

Ein weiterer wichtiger Aspekt der genannten Veränderung liegt in der zunehmenden Plebiszitarisierung von Politik. Direkte, hohe Aufmerksamkeit erzeugende Formen der politischen Beteiligung erhöhen durch ihre Präsentation im

Fernsehen nicht nur die Chance ihrer Wiederholung, sondern beeinflussen auch die Partizipationshäufigkeit der Bürger an ihnen und damit die politischen Durchsetzungschancen und Mobilisierungschancen für die je gegebene politische Streitfrage. [...] Nicht die „repräsentativ verfremdete", sondern die direkte Politik mit ihrer Suche nach schnellen – und einfachen – Lösungen wird von den Medien bevorzugt. Volksabstimmung per Televoting. [...] Die dramaturgischen Notwendigkeiten – Spannung, Verkürzung, Vereinfachung, Konzentration auf Personen statt auf Themen, Emotionalisierung – lassen Kontinuität und Rationalität auf der Strecke.

Max Kaase: Massenkommunikation und politischer Prozess, in: Zeitschrift für Parlamentsfragen 1/2008, S. 24

Abb. 51.1: Truppenkennzeichnung

M3 Only bad news are good news

Nachrichtenfähig sind meistens nur Dinge, die Veränderung bringen (→ **Neophilie**), insbesondere negative Veränderungen. [...] Das Bild der Welt, was die Medien verbreiten, ist also ein künstlich dynamisiertes und übertrieben negatives. Der und das Regeln-Verletzende wird so oft zur Nachricht, dass alle diejenigen, die sich an die Regeln halten, sich möglicherweise fragen, ob sie überhaupt noch die Mehrheit stellen. Besonders, wenn prominente Zeitgenossen Regeln verletzen, kann dies zu einer – medial verstärkten – Erosion des Wertebewusstseins in einer Gesellschaft führen. Wenn stets nur über Normverletzungen berichtet wird, werden immer mehr Menschen diese Normen in Frage stellen, weil sich ihnen der Eindruck aufdrängt, das normgemäße Verhalten sei die Ausnahme geworden.

Stefan Prochnow, eigener Text

Deutsche Soldaten töten vier Taliban
Hamburger Abendblatt, 9./10. Mai 2009

Jung: Abzug aus Afghanistan in fünf bis zehn Jahren
Frankfurter Allgemeine Zeitung, 2. Juli 2009

Drei Bundeswehrsoldaten in Afghanistan gefallen
DIE WELT, 24. Juni 2009

Merkel verleiht neuen Tapferkeitsorden
Frankfurter Allgemeine Zeitung, 7. Juli 2009

Taliban verpassen Merkel
Bundeskanzlerin inspiziert Bundeswehr in Afghanistan – Kurz nach Besuch Raketenangriff auf deutsches Camp
Financial Times Deutschland, 7. April 2009

Übergang zum Partisanenkrieg
Frankfurter Allgemeine Zeitung, 23. Mai 2009

ARBEITSAUFTRÄGE

1. „Es gibt keine objektiven Nachrichten!" Nehmen Sie zu dieser Behauptung Stellung!

2. Prüfen Sie anhand einer Tageszeitung, ob die auf S. 50 genannten Funktionen Ihrer Meinung nach erfüllt werden! Fassen Sie Ihre Ergebnisse in einem Prüfbericht zusammen!

3. Erläutern Sie den Begriff „Agenda-Setting" und die politische Bedeutung, die sich daraus ergibt!

4. Erläutern Sie an einem konkreten Beispiel, was der Autor von M 1 fordert!

5. Die Medien werden oft als „vierte Gewalt" im Staate bezeichnet. Warum? Welche Chancen und Probleme sind damit verbunden?

6. Prüfen Sie, ob die in M 2 und M 3 geschilderten Medienwirkungen mit Ihrer eigenen Medienerfahrung übereinstimmen!

7. Was suggerieren die realen Zeitungsschlagzeilen zum Afghanistan-Konflikt? Überprüfen Sie mithilfe des Internets, ob sich die aktuelle Lage so darstellt!

4.3 Parteien als Teil des politischen Willensbildungsprozesses

M1 Gesetz über die politischen Parteien (Parteiengesetz)

§ 1 Verfassungsrechtliche Stellung und Aufgaben der Parteien

(1) Die Parteien sind ein verfassungsrechtlich notwendiger Bestandteil der → **freiheitlichen demokratischen Grundordnung**. Sie erfüllen mit ihrer freien, dauernden Mitwirkung an der politischen Willensbildung des Volkes eine ihnen nach dem Grundgesetz obliegende und von ihm verbürgte öffentliche Aufgabe.

(2) Die Parteien wirken an der Bildung des politischen Willens des Volkes auf allen Gebieten des öffentlichen Lebens mit, indem sie insbesondere auf die Gestaltung der öffentlichen Meinung Einfluss nehmen, die politische Bildung anregen und vertiefen, die aktive Teilnahme der Bürger am politischen Leben fördern, zur Übernahme öffentlicher Verantwortung befähigte Bürger heranbilden, sich durch Aufstellung von Bewerbern an den Wahlen in Bund, Ländern und Gemeinden beteiligen, auf die politische Entwicklung in Parlament und Regierung Einfluss nehmen, die von ihnen erarbeiteten politischen Ziele in den Prozess der staatlichen Willensbildung einführen und für eine ständige lebendige Verbindung zwischen dem Volk und den Staatsorganen sorgen.

(3) Die Parteien legen ihre Ziele in politischen Programmen nieder. [...]

§ 2 Begriff der Partei

(1) Parteien sind Vereinigungen von Bürgern, die dauernd oder für längere Zeit für den Bereich des Bundes oder eines Landes auf die politische Willensbildung Einfluss nehmen und an der Vertretung des Volkes im Deutschen Bundestag oder einem Landtag mitwirken wollen, wenn sie nach dem Gesamtbild der tatsächlichen Verhältnisse, insbesondere nach Umfang und Festigkeit ihrer Organisation, nach der Zahl ihrer Mitglieder und nach ihrem Hervortreten in der Öffentlichkeit eine ausreichende Gewähr für die Ernsthaftigkeit dieser Zielsetzung bieten. Mitglieder einer Partei können nur natürliche Personen sein.

Parteiengesetz vom 31. Januar 1994 (BGBl. I S. 149), zuletzt geändert am 22. Dezember 2004 (BGBl. I S. 3673)

M2 Parteien entstehen an Konfliktlinien

Die → **Sozialstruktur** bestimmt das Parteiensystem, so lautet die simpelste Reduktion des Beziehungsgeflechts zwischen Partei und Gesellschaft. [...] Parteien sind Ausdruck sozialstruktureller Konfliktlagen (cleavages), die aber nicht nur auf dem Klassenkonflikt (cleavage Kapital versus Arbeit) basieren, sondern auch aus den historischen Konflikten zwischen Stadt und Land, Kirche und Staat sowie Zentrum und Peripherie hervorgehen.

Aus der je unterschiedlichen Mischung dieser Konfliktlinien in den europäischen Ländern erklären sich die spezifischen Konfigurationen der nationalen Parteien.

Wenn einige Konflikte historisch früh gelöst werden oder nicht zum Tragen kommen, wie in England zwischen Kirche und Staat durch die dominante anglikanische Kirche sowie zwischen Zentrum und Peripherie durch frühe Nationbildung, und wenn sich andere Konflikte überlagern, dann kann es zu einem bipolaren Zweiparteiensystem kommen. Wenn viele Konflikte noch spät fortdauern und gleichzeitig sich überkreuzen, wie in der Weimarer Republik die späte Nationbildung, die Konfessionsspaltung, die regional-föderalen Konflikte, dann wird ein zersplittertes Vielparteiensystem entstehen, das jede Kompromissbildung erschwert. [...]

Ulrich von Alemann: Das Parteiensystem der Bundesrepublik Deutschland, Opladen 2003, S. 100

M3 Integrationsfunktion durch die Parteien

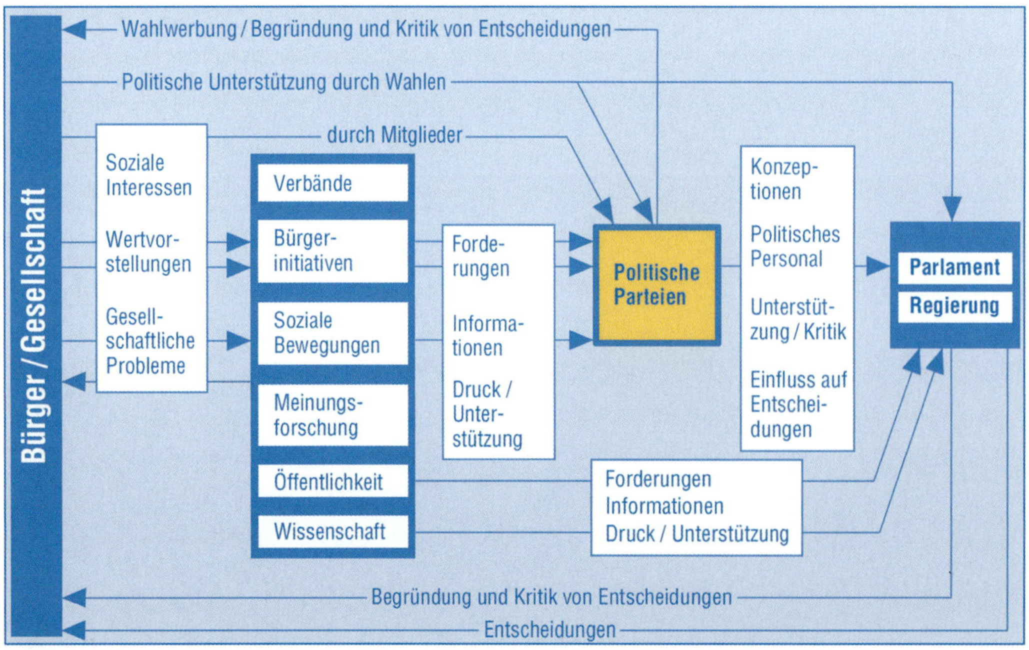

Abb. 52.1 nach: Wolfgang Rudzio: Die organisierte Demokratie, Stuttgart 1982, S. 160

M4 Die Entwicklung des deutschen Parteiensystems nach 1945

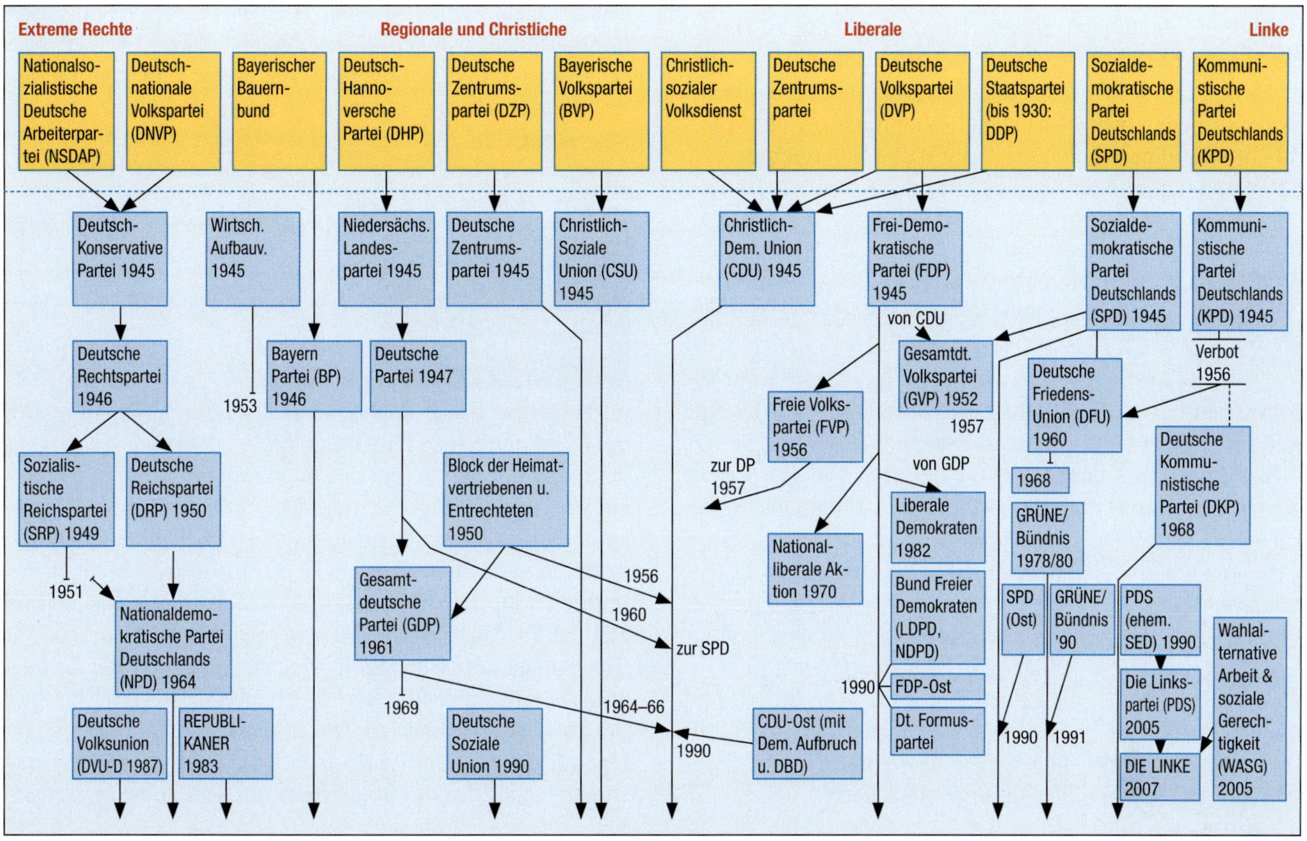

Abb. 53.1 nach: Wolfgang Rudzio: Das politische System der Bundesrepublik Deutschland, Opladen 2003, S. 142 f. (vom Verfasser ergänzt)

M5 Funktionen politischer Parteien

Partizipation: Politische Beteiligung erschöpft sich [...] nicht in der Teilnahme am regelmäßigen Wahlakt. Die Mitwirkung in Parteien ist ein ganz wesentliches zusätzliches Partizipationspotenzial. Die Partizipation in Parteien ermöglicht den Bürgern zunächst einmal die Mitwirkung an allen übrigen Funktionen, d. h. insbesondere auch an der Transmission von Interessen in Programme, Ziele und Aktionen. Parteimitglieder genießen darüber hinaus das Privileg, an der Nominierung aller durch allgemeine Wahlen zu bestimmenden Mandatsträger teilnehmen zu können. [...]

Transmission: Die Funktion der Transmission bedeutet die Umformung von gesellschaftlichen Interessen in politisches Handeln. [...]

Selektion: Die politische Funktion der Selektion durch Parteien meint zwei ganz unterschiedliche Aufgaben: zum einen Rekrutierung von Personal, zum anderen die Auswahl von Alternativen aus dem gesellschaftlichen Interessenspektrum. [...]

Integration: Die Funktion der Integration durch die Parteien ist in gewisser Weise die Kehrseite der drei bisher skizzierten Funktionen [...]. Denn gerade die Partizipationschancen in und durch die Partei bewirken eine Integration in Strukturen und Prozessen, die für Gruppenzusammenhalt und auch für die Anerkennung des Systems wichtig sind. Auch die Transmission als Artikulation und Bündelung von Interessen führt zu einer Integration. [...]

Sozialisation: Im Grunde ist die Funktion der Sozialisation ein besonders herausragender Bestandteil der Integration. Denn das Lernen von Politik findet mehr im Alltag als in Veranstaltungen der politischen Bildung [...] statt. Ein wesentlicher Faktor sind dabei die Massenmedien, deren Inhalt allerdings wiederum durch die Aktivität des intermediären Bereiches von Parteien und Verbänden geprägt ist. Dies ist aber eine rezeptive bis passive Form der Sozialisation. Die wirksamste politische Sozialisation überhaupt besteht in „learning by doing". [...]

Selbstregulation: Schaut man den Alltag politischer Parteien genauer an, so überrascht manche Beobachter, in wie starkem Maße sie auf sich selbst bezogen sind. [...] Sie sind überaus ausdifferenzierte Gebilde mit eigenen Vorfeldorganisationen, Parteistiftungen, Wirtschaftsunternehmen, Kulturvereinen und Beratungsgremien, die einen großen Teil ihrer Zeit der Eigenbeschäftigung widmen. [...]

Legitimation: Die Funktion der Legitimation hat ähnlich wie die Funktion der Integration einen zusammenfassenden Charakter. Weil die Parteien einen wesentlichen Beitrag zur Partizipation, Transmission, Selektion, Integration und Sozialisation leisten, erfüllen sie damit Aufgaben der Legitimation des Systems insgesamt.

Ulrich von Alemann: Das Parteiensystem der Bundesrepublik Deutschland, Opladen 2003, S. 212–217

ARBEITSAUFTRÄGE

1. *Erklären Sie den Satz: „Parteien entstehen an Konfliktlinien"!*
2. *Erörtern Sie, inwieweit die Funktionen der Parteien im Einklang mit den Aufgaben der Parteien laut Parteiengesetz stehen!*
3. *Stellen Sie die Entwicklung und Programmatik einer Partei in einem Kurzreferat vor!*

M6 Positionen der Parteien zu Auslandseinsätzen

Wegen des laufenden Großeinsatzes der Bundeswehr im Norden Afghanistans kocht die Debatte erneut hoch, denn die Ansichten der Parteien über Auslandseinsätze deutscher Soldaten gehen weit auseinander. Aber auch bei der Wehrpflicht oder einem Bundeswehreinsatz im Inneren gibt es in den Wahlprogrammen große Unterschiede.

Für die Union ist die Bundeswehr ein „unverzichtbarer" Bestandteil der deutschen Außen- und Sicherheitspolitik. Ausdrücklich bekennen sich CDU/CSU zu Auslandseinsätzen deutscher Soldaten „auch in geografisch weiter Entfernung", um Interessen Deutschlands und seiner Partner zu verteidigen. Die Wehrpflicht halten die Schwesterparteien auch in Zukunft für notwendig. Ebenso klar bekennen sich CDU und CSU zum Afghanistan-Einsatz, den sie zeitlich nicht konkret begrenzen. Voraussetzung für eine „spätere Reduzierung und schließlich zur Beendigung" des militärischen Engagements seien „tragfähige staatliche Strukturen". Als einzige der im Bundestag vertretenen Parteien will die Union die Rechtsgrundlage für Bundeswehreinsätze im Inneren bei Katastrophen oder Terrorgefahr schaffen.

Im Gegensatz zur Union hebt die SPD hervor, dass internationale Bundeswehreinsätze „nur das äußerste Mittel" zur Friedensicherung und zum Schutz von Menschen sein könnten. An der Wehrpflicht hält die SPD nur eingeschränkt fest; sie soll vielmehr „weiterentwickelt" werden. Letztlich wollen die Sozialdemokraten erreichen, dass nur noch diejenigen einberufen werden, die sich zuvor zum Dienst bereit erklärt haben.

Den Einsatz in Afghanistan will die SPD „konstruktiv und kritisch" begleiten. Auch die Sozialdemokraten nennen kein Abzugsdatum, betonen aber: Je schneller die selbst gesteckten Ziele erreicht würden, „desto schneller können wir unser militärisches Engagement in Afghanistan beenden". Die Partei spricht sich gegen einen Bundeswehreinsatz im Inneren aus.

Wie die SPD betont die FDP, dass militärische Einsätze das „letzte Mittel" bleiben müssten. Insgesamt soll die Bundeswehr gestärkt werden, auch um das europäische Gewicht in der NATO zu erhöhen. Die FDP plädiert im Gegensatz zu den beiden Regierungsparteien für das schnellstmögliche Ende der Wehrpflicht und den Umbau der Bundeswehr zu einer Freiwilligenarmee.

Den Einsatz in Afghanistan sieht die FDP als Beleg dafür, dass Militär allein keinen stabilen Frieden schaffen könne. Eine internationale Truppenpräsenz hält sie aber noch „für eine Übergangszeit" für notwendig. Die Partei lehnt den Einsatz der Bundeswehr im Inneren über bestehende Aufgaben hinaus strikt ab.

Für die Grünen ist die Anwendung militärischer Gewalt unabhängig vom Ziel „immer ein großes Übel und muss, wenn irgend möglich, vermieden werden". Es wird aber anerkannt, dass es Situationen gibt, in denen der Einsatz von Militär geboten sein kann. Die Grünen haben die konkretesten Pläne für die Bundeswehr: Sie soll auf 200 000 Soldaten verkleinert werden. Geplant ist ein freiwilliger militärischer Kurzdienst von 12 bis 24 Monaten für Frauen und Männer. Die Wehrpflicht soll abgeschafft werden.
Den Bundeswehr-Einsatz in Afghanistan sehen die Grünen kritisch und fordern einen Strategiewechsel hin zu einer Stärkung des Zivilaufbaus. Nur dann wollen die Grünen dem Mandat für den Einsatz deutscher Soldaten dort weiter zustimmen. Einsätze der Bundeswehr im Inneren lehnen sie ab.

Als einzige Bundestagspartei lehnt die Linke „Auslandskriegseinsätze der Bundeswehr" – auch unter UN-Mandat – kategorisch ab. Die Partei fordert, die Bundeswehr zu einer reinen Verteidigungsarmee umzugestalten und deutlich zu verkleinern. Die Wehrpflicht will sie abschaffen. Die Linke fordert zudem, die Bundeswehr „sofort" aus Afghanistan abzuziehen. Ein Einsatz der Bundeswehr im Inneren für polizeiliche Aufgaben wird abgelehnt.

AFP-Agentur unter www.tlz.de, vom 22. Juli 2009

ARBEITSAUFTRÄGE

1. *Fassen Sie die wesentliche Haltung der Parteien zu Bundeswehr und Afghanistan-Konflikt zusammen und spekulieren Sie begründet über Koalitionsmöglichkeiten in dieser Frage!*
2. *Diskutieren Sie, inwieweit das Thema ein Wahlkampfthema mit hoher Priorität ist und von den Parteien einen hohen Stellenwert erhält!*

4.4 Die Bundesregierung: Exekutive des Bundes

Mit der Wahl des Bundeskanzlers – das Grundgesetz kennt den Begriff der Bundeskanzlerin nicht –, der nach Art. 63 GG auf Vorschlag des Bundespräsidenten ohne Aussprache und mit der Mehrheit seiner Mitglieder vom Deutschen Bundestag gewählt wird, beginnt gleichzeitig die Bildung der Bundesregierung. Sie besteht aus der Bundeskanzlerin/dem Bundeskanzler sowie den Bundesministern/Bundesministerinnen, die zusammen das Bundeskabinett bzw. die Bundesregierung bilden. Die Bundesregierung hat die Aufgabe, die politische Führung der Bundesrepublik Deutschland zu übernehmen. Seit der → **Ära Adenauer** spricht man in der Bundesrepublik Deutschland von der → **„Kanzlerdemokratie"**. Damit ist die zentrale Machtstellung des Bundeskanzlers gemeint: Er gilt als die mächtigste Person im Staate.

Abb. 55.1: Aufbau und Organisation der Bundesregierung

M1 Die Richtlinienkompetenz des Bundeskanzlers

„Die verfassungsrechtliche Basis für die Machtstellung des Bundeskanzlers liegt eindeutig in seiner Richtlinienkompetenz. Sie ist das Instrument zur ‚Disziplinierung' seines Kabinetts (Sontheimer)". Durch eine ihm (ihr) geeignet erscheinende Personalpolitik in seinem Kabinett kann er sich nicht nur eine arbeitsfähige Regierung zusammenstellen, sondern durch die Um- und Neuorganisation kann er (sie) auch auf bestimmte Problemlagen oder Stimmungen in der Bevölkerung eingehen.

Irene Gerlach: Bundesrepublik Deutschland. Entwicklungen, Strukturen und Akteure eines politischen Systems, Opladen 1999, S. 203

M2 Der Bundeskanzler im Verfassungsrecht ...

Das Amt des Bundeskanzlers ist mit all seinen Funktionen und Aufgaben im Verfassungsrecht verankert. Der Kanzler hat die zentrale Stellung in der Regierung inne. Dies verleiht seinem Amt eine hohe Machtfülle. Der Bundeskanzler wird auf Vorschlag des Bundespräsidenten gewählt. Er selbst schlägt die Minister/-innen vor, die seinem Kabinett angehören sollen. Diese werden dann wiederum vom Bundespräsidenten ernannt. Gleiches gilt für die Entlassung der Bundesminister/-innen (Art. 64 GG). Außerdem endet die Amtszeit der Minister/-innen mit der Amtszeit des Kanzlers (Art. 69.3 GG). Art. 65 GG weist dem Kanzler nicht nur die Stellung eines „primus inter pares" (Erster unter Ranggleichen) zu, sondern auch echte Führungsfunktionen, da er „die Richtlinien der Politik bestimmt und dafür die Verantwortung trägt". Die Bundesminister/-innen arbeiten nur in ihren Fachministerien selbstständig und eigenverantwortlich.

... und in der Verfassungswirklichkeit

Zwar besitzt das Kanzleramt eine Fülle an Macht, jedoch ist diese eingeschränkt. So kommt es häufig zu → **Koalitionsregierungen**. Das heißt, dass die Interessen und Ministeriumsansprüche des Koalitionspartners berücksichtigt werden müssen.

Auch muss der Kanzler Rücksicht auf die Parteimitglieder nehmen, um sich der Unterstützung bei Abstimmungen sicher sein zu können. Nicht zu vernachlässigen ist das Bild des Kanzlers/der Kanzlerin in der Öffentlichkeit. Häufig vermitteln die Massenmedien ein bestimmtes Kanzlerbild, das in seiner Wirkung nicht zu unterschätzen ist. Schließlich folgen nach einer Bundestags- und Kanzlerwahl weitere Wahlen, bei der die Kanzlerin/der Kanzler für Stimmen werben soll („Nach der Wahl ist vor der Wahl."). Um politisch im Sinne der Richtlinienkompetenz handeln zu können, ist die Bundeskanzlerin/der Bundeskanzler auch abhängig von den Mehrheitsverhältnissen im Bundesrat. Entsprechen diese nicht denen im Bundestag, könnte die Regierungspolitik bei zustimmungspflichtigen Gesetzen behindert werden.

Ingo Langhans, eigener Text

ARBEITSAUFTRÄGE

1. *Ist die Bundesrepublik Deutschland eine Kanzlerdemokratie? Begründen Sie Ihre Aussage!*
2. *Verdeutlichen Sie den Umstand, dass die Opposition wesentlicher Funktionsbestandteil der parlamentarischen Demokratie ist!*
3. *Charakterisieren Sie das Phänomen der Kanzlerdemokratie!*

((Seite bitte komplett neu lesen! Texte wurden neu erfasst bzw. von Druck-PDF konvertiert! Beste Grüße! T. Krauß))

M3 Auslandseinsatz und Vertrauensfrage

Der Deutsche Bundestag hat heute Vormittag über den Antrag der Bundesregierung zur Bereitstellung von Bundeswehreinheiten im Kampf gegen den internationalen Terrorismus zu beschließen. In Verbindung damit habe ich eine Abstimmung gemäß Art. 68 des Grundgesetzes beantragt. Ich möchte Ihnen erläutern, was mich bewogen hat, diese Vertrauensfrage zu stellen. [...] Es geht, kurz gesagt, um die Verlässlichkeit unserer Politik, [...] um Verlässlichkeit gegenüber den Bürgern, gegenüber unseren Freunden in Europa und gegenüber unseren internationalen Partnern. [...]

Die heutige Entscheidung über die Bereitstellung von Bundeswehreinheiten im Kampf gegen den Terrorismus stellt sicher eine Zäsur dar. Erstmals zwingt uns die internationale Situation, zwingt uns die Kriegserklärung durch den Terrorismus dazu, Bundeswehreinheiten für einen Kampfeinsatz außerhalb des NATO-Vertragsgebietes bereitzustellen. Für eine Entscheidung von solcher Tragweite, auch für daraus vielleicht noch folgende Beschlussfassungen des Deutschen Bundestages, ist es nach meiner festen Überzeugung unabdingbar, dass sich der Bundeskanzler und die Bundesregierung auf eine Mehrheit in der sie tragenden Koalition stützen können. [...] Ich habe bewusst die Vertrauensfrage nach Art. 68 des Grundgesetzes und den Antrag der Bundesregierung zur Bereitstellung von Bundeswehreinheiten im Kampf gegen den internationalen Terrorismus miteinander verknüpft. Denn der Bundeskanzler kann seinem Amt und seiner Verantwortung für das Gemeinwohl nur dann entsprechen, wenn seine Person und sein Programm das Vertrauen und die Zustimmung der ihn tragenden Mehrheit des Hohen Hauses finden. [...]

Rede des damaligen Bundeskanzlers Gerhard Schröder (SPD) zum Antrag der Bundesregierung auf Einsatz bewaffneter deutscher Streitkräfte bei der Unterstützung der gemeinsamen Reaktion auf terroristische Angriffe gegen die USA und zum Antrag des Bundeskanzlers gemäß Art. 68 des Grundgesetzes vom 16. November 2001

M4 Schröder besteht Machtprobe

Mit zwei Stimmen über der notwendigen absoluten Mehrheit hat der Bundestag am Freitag Bundeskanzler Gerhard Schröder das Vertrauen ausgesprochen.

Parlamentspräsident Wolfgang Thierse erklärte, 336 der 666 gewählten Abgeordneten hätten mit Ja gestimmt und 326 mit Nein. Das Abstimmungsergebnis macht eine Fortsetzung der rot-grünen Koalition und den Einsatz von 3 900 Bundeswehrsoldaten im Rahmen der internationalen Anti-Terror-Mission möglich.

Wie sich bereits seit Donnerstagabend abgezeichnet hatte, haben aus den Reihen der Koalition vier Grünen-Abgeordnete mit Nein gestimmt. Nach der Ergebnisliste des Bundestags sind dies: Annelie Buntenbach, Winfried Hermann, Christian Simmert, Hans-Christian Ströbele. Ebenfalls mit Nein votiert hat die fraktionslose Abgeordnete Christa Lörcher, die wegen ihrer Ablehnung des Bundeswehreinsatzes vor der Abstimmung aus der SPD-Fraktion ausgetreten war. Die übrigen Parlamentarier von SPD und Bündnis 90/Die Grünen waren vollzählig anwesend und stimmten mit Ja. CDU, CSU, FDP und PDS stimmten geschlossen mit Nein. Drei CDU-Abgeordnete und ein Mitglied der PDS-Fraktion nahmen nicht an der Abstimmung teil. [...]

Bundeskanzler Gerhard Schröder sieht die Koalition nach der Anti-Terror-Abstimmung im Bundestag als gestärkt an. Mit der Kanzlermehrheit für den Bundeswehreinsatz habe das Regierungsbündnis gezeigt, dass es innen- und außenpolitisch handlungsfähig sei, erklärte er am Freitag in Berlin nach der Abstimmung im Bundestag.

Er sei froh, „meine Arbeit für Deutschland weiterführen" zu können „mit der vollen Unterstützung der Koalition". Für ihn sei es sehr wichtig gewesen, dass Rot-Grün zusammenstehe. Der Bundestag habe die Regierung „glasklar" ermächtigt, dass Deutschland die von den Amerikanern gewünschte militärische Hilfe leisten könne. Daran könne kein Gremium etwas ändern, sagte er unter Anspielung auf die in der kommenden Woche zu erwartenden Auseinandersetzungen bei den Parteitagen der SPD und der Grünen.

Das Vertrauensvotum war zu einer regelrechten Zitterpartie geworden, nachdem eine Abgeordnete aus der SPD-Fraktion ausgetreten war und acht Grüne angekündigt hatten, dem Kanzler nicht das Vertrauen auszusprechen. Allerdings einigte sich die Grünen-Fraktion darauf, dass vier der acht Abweichler doch mit Ja stimmen sollten, um die rot-grüne Koalition zu retten. Schröder hatte die Abstimmung über den Bundeswehreinsatz mit der Vertrauensfrage gekoppelt.

Insgesamt durften maximal sechs Koalitionsabgeordnete mit Nein stimmen oder sich enthalten, wenn Rot-Grün nicht scheitern sollte. [...] Union und FDP hatten bereits zuvor angekündigt, dem Kanzler nicht das Vertrauen auszusprechen, obwohl sie den Einsatz deutscher Soldaten befürworten. Die PDS dagegen war auch gegen die Bundeswehrmission.

Unionsfraktionschef Friedrich Merz sah die rot-grüne Koalition dagegen gescheitert: „Der heutige Tag ist der Anfang vom Ende der Regierung Gerhard Schröder."

Die absolute oder „Kanzlermehrheit" im Parlament beträgt 334 Stimmen. Es gibt 293 Abgeordnete der SPD, 47 der Grünen, 245 der Union, 43 der FDP und 37 der PDS. Eine Parlamentarierin ist seit Donnerstag fraktionslos.

Vor der Abstimmung hatte Bundeskanzler Gerhard Schröder (SPD) in einer Bundestagsdebatte eindringlich um Vertrauen für sich selbst geworben und um Zustimmung für die Bereitstellung deutscher Soldaten im Anti-Terror-Krieg gebeten. Schröder war der vierte Kanzler in der Geschichte der Bundesrepublik, der die Vertrauensfrage stellt, aber der erste, der sie mit einer Sachfrage verknüpfte.

www.sueddeutsche.de/politik/993/395781/text/print.html, vom 16. November 2001

M5 Afghanistan-Konzept der Bundesregierung

[...] Ziel bleibt, die bisherigen Erfolge beim Wiederaufbau zu konsolidieren und auszubauen, damit das Engagement der Afghaninnen und Afghanen und der internationalen Gemeinschaft in einen dauerhaften Frieden, wirtschaftliche Stabilität und ein verantwortungsbewusstes Staatswesen mündet. [...]

Kontinuierliche Fortschritte bei Wiederaufbau und Entwicklung: Im Jahr 2008 zeigt sich eine zunehmende und selbstbewusste Übernahme von Verantwortung für den Wiederaufbauprozess durch die afghanische Regierung. So hat die afghanische Regierung eine auf fünf Jahre angelegte Nationale Entwicklungsstrategie (ANDS, Afghanistan National Development Strategy) vorgelegt. Befördert wird die wachsende afghanische Eigenverantwortung durch den allmählich sichtbaren Aufbau von Institutionen und Fachkräften [...] Auf nationaler Ebene verbessert sich die Funktionsfähigkeit der Regierungsstrukturen, allerdings noch nicht auf allen Verwaltungsebenen und in allen Sektoren. [...] Eine wichtige Wegmarke für die Verfestigung dieser politischen Strukturen werden die für 2009/2010 vorgesehenen Präsidentschaftswahlen (2009) und Parlamentswahlen (2010) sein.

Trotz dieser Fortschritte ist Afghanistan weiterhin eines der ärmsten Länder der Welt. Es bestehen auch 2008 erhebliche Herausforderungen im Wiederaufbau- und Entwicklungsprozess: Steigende Nahrungsmittelpreise weltweit und eine drohende Dürre in Teilen Afghanistans stellen die unterentwickelte und krisenanfällige afghanische Landwirtschaft, die die Haupteinkommensquelle für die Bevölkerungsmehrheit darstellt, auf einer harte Probe. Die hohe Arbeitslosigkeit trifft insbesondere die junge Generation und beeinträchtigt ihre Zukunftsperspektiven. Trotz der Fortschritte beim Justizaufbau und der Korruptionsbekämpfung gegenüber 2007 – bspw. wurde die United Nations Convention Against Corruption (UNCAC) ratifiziert – bestehen nach wie vor spürbare Defizite in der konkreten Anwendung und Durchsetzung rechtsstaatlicher Prinzipien. Die Sicherheitslage in Afghanistan bietet weiterhin Anlass zur Sorge. Dies betrifft in erster Linie den Süden und Osten des Landes, auf die sich 90 % aller sicherheitsrelevanten Vorfälle konzentrieren. Die internationale Militärpräsenz und die afghanischen Sicherheitskräfte sind jedoch weiterhin in der Lage, ein flächendeckend koordiniertes Vorgehen der regierungsfeindlichen Kräfte zu unterbinden. [...] Besondere Bedeutung kommt dem Aufbau afghanischer Sicherheitskräfte zu, die in steigendem Maße selbst zur Herstellung der Sicherheit beitragen. Sie nehmen inzwischen erfolgreich an gemeinsamen Operationen mit ISAF (International Security Assistance Force) und der Operation Enduring Freedom (OEF) teil; ihre Leistungsfähigkeit wächst. Sicherheitsoperationen erhalten dadurch immer stärker ein afghanisches Gesicht". [...]

Auch 2008 bleibt die Entwicklung der Drogenwirtschaft unverändert problematisch. Seitens der afghanischen Regierung und der internationalen Gemeinschaft wurden zwar in diesem Bereich erhebliche Anstrengungen unternommen, so etwa beim Aufbau des Ministeriums für Drogenbekämpfung, bei Aufbau und Ausbildung von spezialisierten Polizeieinheiten und einer Anti-Drogeneinheit der Justiz, bei der Verabschiedung von Gesetzen zur Bekämpfung der Drogenkriminalität, bei der Vernichtung von Schlafmohn-Anbauflächen und bei der Schaffung alternativer Einkommensmöglichkeiten. [...]

Sicherheit und Wiederaufbau sind untrennbar miteinander verbunden. [...] Die militärische Komponente schafft dabei das notwendige sichere Umfeld für den Wiederaufbauprozess – so lange, bis die afghanischen Sicherheitsorgane dazu selbst in der Lage sind. Daraus ergibt sich zugleich die zeitliche Perspektive für die Dauer der internationalen Militärpräsenz in Afghanistan. Diese kann dann beendet werden, wenn der Aufbau von afghanischer Polizei und Armee so weit fortgeschritten ist, dass die afghanische Regierung selbst für ein sicheres Umfeld sorgen kann, in dem Wiederaufbau und nachhaltige Entwicklung möglich ist. Daraus erklären sich die besondere Bedeutung und die zusätzlichen Anstrengungen, die die Bundesregierung ihrer Unterstützung gerade dieser Aufgaben zumisst. Die afghanische Regierung will eine schrittweise „Afghanisierung" des Sicherheitssektors.

[...] Es ist daher von elementarer Bedeutung, dass wir der afghanischen Bevölkerung den festen politischen Willen der Bundesregierung und der internationalen Gemeinschaft zu einem langfristigen Engagement glaubhaft vermitteln. [...] Ein vorzeitiger Abbruch des Afghanistan-Engagements würde die afghanische Bevölkerung erneut einem Schicksal überlassen, an dessen Ende Unterentwicklung, Bürgerkrieg und Schreckensherrschaft stehen. Afghanistan darf nicht, wie vor dem 11. September 2001, zu einem Rückzugsraum für den internationalen Terrorismus werden. Die Bundesregierung ist daher entschlossen, ihren zivilen und militärischen Einsatz für die Stabilisierung und den Wiederaufbau Afghanistans fortzusetzen.

Presse- und Informationsamt der Bundesregierung (Hrsg.): Das Afghanistan-Konzept der Bundesregierung, Berlin 2008, S. 9–15

Abb. 57.1: Die Ausbildung afghanischer Polizisten als Bestandteil des Afghanistan-Konzepts der Bundesregierung

ARBEITSAUFTRÄGE

1. *Erklären Sie mithilfe des Materials die Funktion der Vertrauensfrage im Verfassungsrecht und in der Verfassungswirklichkeit (siehe auch S. 59)!*
2. *Arbeiten Sie die wesentlichen Grundzüge des Afghanistan-Konzepts der Bundesregierung heraus!*
3. *Erläutern Sie, weshalb das Afghanistan-Konzept einem Konzept der „vernetzten Sicherheit" entspricht!*

4.5 Der Deutsche Bundestag: Zentrum des politischen Willensbildungsprozesses

M 1 So funktioniert der Bundestag

Der Bundestag ist als das deutsche Parlament von keinem anderen Staatsorgan abhängig. Er wählt seinen Präsidenten und gibt sich eine Geschäftsordnung (Art. 40 Abs. 1). Der Präsident übt das Hausrecht und die Polizeigewalt im Gebäude des Bundestages aus (Art. 40 Abs. 2). Polizeikräfte dürfen nur mit seiner Einwilligung im Parlamentsgebäude tätig werden. Seine Mitglieder genießen → **Immunität** und → **Indemnität** (Art. 46). Er bildet die [für seine] Arbeit zuständigen Ausschüsse; insbesondere kann er Untersuchungsausschüsse einsetzen (Art. 44).

a) Gesetzgebungsfunktion

Das Parlament hat in einem demokratischen Staat die Aufgabe, die staatliche Ordnung und das Zusammenleben der einzelnen Bürger in der Gemeinschaft durch Gesetz zu regeln. Es ist dazu berufen, weil es direkt vom Volk gewählt wird.

b) Wahlfunktion

Der Bundestag wählt den Bundeskanzler (Art. 63), wirkt an der Wahl des Bundespräsidenten mit (Art. 54), wählt durch den Wahlmännerausschuss die Hälfte der Richter des Bundesverfassungsgerichts (die andere Hälfte wählt der Bundesrat, Art. 94; §§ 3 ff. Bundesverfassungsgerichtsgesetz), ist an der Wahl der Bundesrichter beteiligt (Art. 95 Abs. 2) und wählt den Wehrbeauftragten (Art. 45b).

c) Kontrollfunktion

Das Parlament soll die Regierung kontrollieren. In der Parteiendemokratie nimmt diese Funktion vor allem die Opposition wahr [...] Das Parlament kontrolliert die Regierung durch die Möglichkeit des Misstrauensvotums (Art. 67), durch das Recht, den Haushaltsplan festzustellen und damit das Finanzsystem der Regierung zu lenken (Art. 110) und durch die Möglichkeit, Anfragen einzubringen oder Untersuchungsausschüsse zu bilden (Art. 44).

Dieter Hesselberger in: Bundeszentrale für politische Bildung (Hrsg.): Das Grundgesetz. Kommentar für die politische Bildung, Bonn 2003, S. 234 f.

Abb. 58.1: Organisation des Deutschen Bundestages

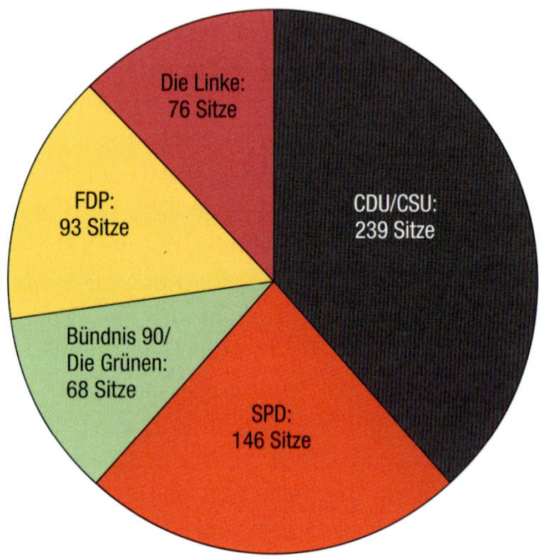

Abb. 58.2: Verteilung der 622 Sitze im 17. Deutschen Bundestag

M 2 Problemlagen der Parlamentsarbeit

Der Bundestag [...] sieht sich innerhalb des politischen Systems, aber auch in Folge von Prozessen der Europäisierung und Globalisierung wachsenden Handlungs- und Verhandlungszwängen gegenüber: [...] Vor allem die europäische Integration, aber vorher bereits die Kooperation mit den Bundesländern haben zu einer Verkomplizierung der Entscheidungsfindung geführt. [...] Der Bundestag kann – ein Effizienzproblem – einen Großteil der rapide angewachsenen EU-Vorlagen nur noch zur Kenntnis nehmen. Eine materielle Mitwirkung findet nur noch begrenzt statt. [...] Dies führt unmittelbar zu der Frage der Darstellung parlamentarischer Arbeit in der Mediengesellschaft und den Schwierigkeiten des Bundestages, sich in dieser zu platzieren. Die politische Öffentlichkeit hat sich so gewandelt, dass das Parlament in eine „Kommunikationsfalle" geraten ist. Will sich der Bundestag stärker über die Medien vermitteln, so muss er sich den Strukturen der massenmedialen Öffentlichkeit anpassen. Dabei steht er in der Gefahr, sich so umzustrukturieren, dass er seinen Charakter als parlamentarisches Organ verliert. Eine Konsequenz der Vermittlungsproblematik ist die verzerrte Wahrnehmung parlamentarischer Arbeit. So spiegelt sich in Umfragen nach wie vor Unkenntnis über die Arbeitsweise des Bundestages und über Funktionslogik des Parlamentarismus. Unkenntnis über die Leistungen des Parlaments schafft Misstrauen gegenüber der Institution, verstärkt von einer allgemeinen Skepsis gegenüber der Politik und den politischen Akteuren.

Stefan Marschall: Deutscher Bundestag und Parlamentsreform, in: Aus Politik und Zeitgeschichte, Band 28, Bonn 2000, S. 13 f.

M3 Regierung und Opposition

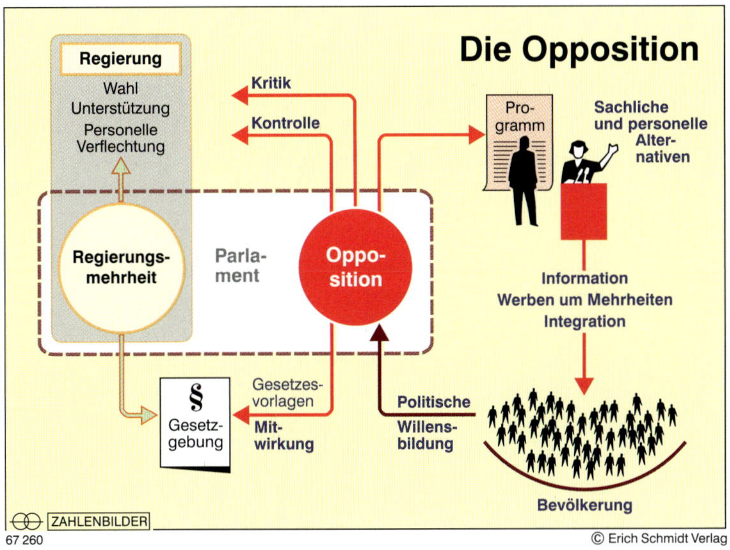

Abb. 59.1: Opposition im Bundestag

Im Grundgesetz kommt der Begriff „Opposition" nicht vor, ebenso wenig in den meisten Landesverfassungen. In Deutschland hat sich das Verständnis für die Bedeutung der Opposition nur langsam durchsetzen können. Opposition wurde lange mit Obstruktion, mit bloßer Verneinung gleichgesetzt. [...] Das Bundesverfassungsgericht hat 1952 das „Recht auf verfassungsmäßige Bildung und Ausübung einer Opposition" zu den „grundlegenden Prinzipien der freiheitlichen demokratischen Grundordnung" gezählt. Die Opposition hat die Aufgabe [...]:

[der] **Kritik**
Das Programm und die Politik der Regierung unterliegen ständiger Kritik seitens der Opposition. Sie nimmt diese Funktion nicht so sehr mit Blick auf das Parlament wahr, sondern wendet sich an die Öffentlichkeit, um die nächsten Wahlen für sich zu entscheiden.

[der] **Kontrolle**
Die Instrumente der parlamentarischen Kontrolle, wie Anfragen und Untersuchungsausschüsse, werden vorwiegend von der Opposition genutzt, um Fehler und Schwächen der Regierung aufzudecken.

[der] **Alternativen**
Die Opposition steht zur Ablösung der Regierung bereit. Für diesen Fall bietet sie sachliche und personelle Alternativen an. [...]

Horst Pötzsch: Die deutsche Demokratie. Bundeszentrale für politische Bildung (Hrsg.), Bonn 2005, S. 69

M4 Vertrauensfrage und konstruktives Misstrauensvotum

In der parlamentarischen Demokratie ist die Regierung – hier der Bundeskanzler – an das Vertrauen des Parlaments – hier Bundestag – gebunden. Dieses war auch schon im der → **Weimarer Republik** der Fall; allerdings konnte der → **Reichstag** einzelnen Ministern oder dem → **Reichskanzler** einfach das Misstrauen aussprechen, ohne eine personelle Alternative anbieten zu müssen (destruktives Misstrauensvotum). Die Folge war, dass es immer wieder zu Parlaments- und Regierungskrisen kam. Um dieser Gefahr zu entgehen, sieht das Grundgesetz das Misstrauensvotum nur gegen den Bundeskanzler vor – und verlangt die Neuwahl eines Kanzlers; erst dann muss der Bundespräsident den alten Bundeskanzler entlassen.

Ein gescheitertes konstruktives Misstrauensvotum stellte Rainer Barzel (CDU) 1972 gegen Willy Brandt. Helmut Kohl (CDU) führte dieses 1982 erfolgreich gegen den damaligen Bundeskanzler Helmut Schmidt durch.

Umgekehrt kann auch der Bundeskanzler das Vertrauensverhältnis des Bundestages zu seiner Amtsführung infrage stellen (Vertrauensfrage). Findet der Antrag, dem Bundeskanzler das Vertrauen auszusprechen, nicht die Mehrheit der Mitglieder des Bundestages, hat der Bundeskanzler drei Möglichkeiten: 1. den Bundespräsidenten den Bundestag binnen 21 Tagen aufzulösen zu lassen, 2. den → **Gesetzgebungsnotstand** (Art. 81 GG) durch den Bundespräsidenten erklären zu lassen oder 3. nichts zu tun. Allerdings ist der Bundespräsident nicht an die Vorschläge des Bundeskanzlers gebunden. Die Vertrauensfragen, bei denen das Vertrauen entzogen wurde, stellten Willy Brandt 1972, Helmut Kohl 1982 und Gerhard Schröder 2005. Bei Willy Brandt wechselten im Rahmen der neuen Ostpolitik Abgeordnete der sozial-liberalen Regierungskoalition (SPD/FDP) zur Opposition („echte" Vertrauensfrage). Mit der vollen Absicht, die Auflösung des Bundestages und damit Neuwahlen zu erreichen, stellten Helmut Kohl und Gerhard Schröder die Vertrauensfrage („unechte" Vertrauensfrage). Nach diesen beiden Vertrauensfragen kam es nach der Auflösung durch den Bundespräsidenten zu Klagen wegen Verfassungswidrigkeit. Das Bundesverfassungsgericht lehnte beide Male die Anträge ab.

Ingo Langhans, eigener Text

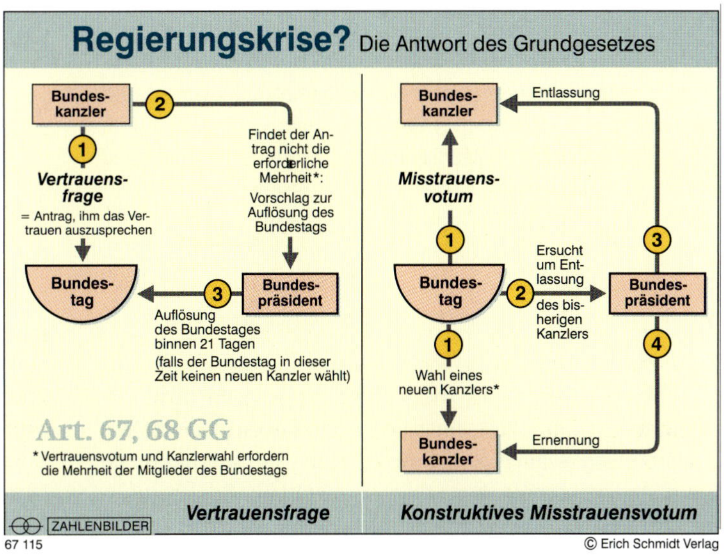

Abb. 59.2: Vertrauensfrage und konstruktives Misstrauensvotum

4.6 Parlamentsauseinandersetzung und Beschlussfassung zur Verlängerung des Auslandseinsatzes in Afghanistan

Am 16. Oktober 2008 stimmten 442 Bundestagsabgeordnete bei 96 Gegenstimmen und 32 Enthaltungen für ein weiteres vierzehnmonatiges Mandat der Bundeswehr in Afghanistan im Rahmen der ISAF-Schutztruppe. Die nachfolgende Parlamentsdebatte zeigt ausgewählte Positionen von Regierung und Opposition.

M 1 Bundestag und Afghanistan

Präsident Dr. Norbert Lammert: [...] Beratung des Antrags der Bundesregierung Fortsetzung der Beteiligung bewaffneter deutscher Streitkräfte an dem Einsatz der Internationalen Sicherheitsunterstützungstruppe in Afghanistan (International Security Assistance Force, ISAF) unter Führung der NATO auf Grundlage der Resolutionen 1386 (2001) und folgender Resolutionen, zuletzt Resolution 1833 (2008) vom 22. September 2008 des Sicherheitsrates der Vereinten Nationen [...] Ich eröffne die Aussprache und erteile das Wort zunächst dem Bundesminister des Auswärtigen, Frank-Walter Steinmeier.

Dr. Frank-Walter Steinmeier (SPD), Bundesminister des Auswärtigen: Herr Präsident! Meine sehr verehrten Damen und Herren!

Unser Engagement in Afghanistan geht jetzt ins achte Jahr. Ich weiß: Das ist eine Probe für die Geduld und die langfristige Kraft der Weltgemeinschaft. Deshalb sage ich vorab drei Dinge: Erstens. Die Gründe, die uns 2001 nach Afghanistan geführt haben, gelten. Zweitens. Wir haben uns verpflichtet gegenüber einem Volk, das in 30 Jahren Krieg und Bürgerkrieg geschunden worden ist. Drittens. Wir wussten von Anfang an um die Schwere der Aufgabe. Deshalb gilt gerade jetzt: Ein gegebenes Wort muss gelten [...]

Wir sind mitten auf dem Weg. In Afghanistan sind wir mit so etwas wie einer doppelten Realität konfrontiert. Auf der einen Seite haben wir durchaus viel erreicht. 85 Prozent der Bevölkerung haben jetzt Zugang zu einem Arzt oder einem Krankenhaus in ihrer unmittelbaren Nähe – das war in Afghanistan vorher noch nie so –; übrigens auch dank vieler Tausend Kilometer Straßen und Brücken, die gebaut worden sind. Mehr als die Hälfte des minenverseuchten Afghanistans ist inzwischen geräumt. Auch das macht das Leben in Afghanistan in manchen Regionen sicherer. Der Wiederaufbau kommt in manchen Regionen ebenfalls durchaus voran, und zwar nicht nur in Kabul. [...] Wir reden über ein Land, in dem vor sieben Jahren noch Menschen gesteinigt worden sind und Musik verboten war. All denjenigen, die unsere Erfolge immer noch kleinreden wollen, muss man entgegnen: Jedes Stück Land, das ein Bauer wieder bestellen kann, jedes Kind, das in die Schule geht, jedes neue Krankenhaus und jeder Kilometer Straße sind auch ein kleiner Sieg der Menschlichkeit.

[...] Natürlich ist der Weg länger und steiniger, als wir alle uns das erhofft haben. Jedes zivile Opfer und jedes Selbstmordattentat sind ein Rückschlag, und die Rückschläge haben zugenommen – auch im Norden. Weder die internationale Staatengemeinschaft noch die afghanische Regierung – auch das ist wahr – haben die Korruption oder den Anbau und Handel mit Schlafmohn bisher wirklich in den Griff bekommen. Im Süden und Osten verunsichern nach wie vor – oder im Augenblick noch mehr – Terroristen die Bevölkerung, weil die Grenzen zu Pakistan faktisch ungesichert sind. [...] Die Fragen lauten: Welche Schlussfolgerungen ziehen wir aus dieser Lage? Sollen wir wirklich gehen, wenn es schwierig ist, wie manche es fordern? Sollen etwa Niederländer, Norweger, Polen und Finnen den Job machen, weil wir uns aus der Verantwortung stehlen? Wenn Länder wie wir gingen, dann wäre das nicht nur eine Verletzung der Solidarität all denen gegenüber, die da bleiben, sondern es wäre noch schlimmer: Wir würden das Ziel aufgeben, für das wir sechs, fast sieben Jahre in Afghanistan gemeinsam gearbeitet haben. Unser Aufenthalt dort war nie und ist kein Selbstzweck. Wir hatten und haben ein klares Ziel: Wir wollen, dass die Menschen in Afghanistan die Zukunft ihres Landes möglichst schnell wieder in die eigenen Hände nehmen und selbst für Sicherheit in ihrem Land sorgen.

[...] Wir ziehen dabei mit vielen Afghanen an einem Strang. [...] Diese sagen: Wir wollen und wir können die Vorsorge für die eigene Sicherheit leisten. Aber jetzt brauchen wir noch die Hilfe der internationalen Staatengemeinschaft, und wir müssen uns vor allen Dingen darauf verlassen können, dass diese Hilfe in der nächsten Zeit noch geleistet wird. Darum geht es: Verlässlichkeit und Vertrauen. Dafür müssen auch wir stehen. [...]

Das ist der Grund, weshalb wir vorschlagen, im nächsten Jahr bis zu 4 500 Soldatinnen und Soldaten im Rahmen des ISAF-Mandats einzusetzen. Das sind in der Tat 1 000 Soldatinnen und Soldaten mehr als bisher. Wir brauchen sie nicht nur für die Ausbildung der einheimischen Soldaten, sondern auch für die Absicherung der kommenden Präsidentschafts- und Parlamentswahlen in Afghanistan. [...]

Präsident Dr. Norbert Lammert: Das Wort erhält nun die Kollegin Monika Knoche für die Fraktion Die Linke. [...]

Monika Knoche (DIE LINKE): Sehr geehrter Herr Präsident! Meine werten Herren und Damen! [...]

Wir haben auf die gesamte Lage eine andere Sicht als die vorgetragenen. [...] Ich bin der Auffassung, dass es Zeit für eine wahrhaftige Bilanz ist.

Insgesamt 55 000 NATO-Soldaten, darunter bald 4 500 deutsche, sollen dort für Sicherheit und Aufbau sorgen. Wozu haben die vergangenen sieben Jahre ISAF-Präsenz geführt? [...] 2007 waren 8 000 Tote zu beklagen, davon 1 500 Zivilisten. Laut UN sind dieses Jahr schon mehr als 4 600 Menschen ums Leben gekommen, darunter 1 450 Zivilpersonen. Die Zahl der bewaffneten Anschläge stieg von 9 000 im Jahr 2007 um 40 Prozent in diesem Jahr. Die USA teilen mit, dass in Afghanistan derzeit mehr amerikanische Soldaten als im Irak sterben. Die Sicherheitslage in Afghanistan ist so dramatisch wie nie zuvor, und da behauptet unsere Regierung doch tatsächlich, dass immer mehr Soldaten zu immer mehr Sicherheit und Stabilität führen. [...] Die afghanische Bevölkerung wird fremde Truppen auf Dauer nicht akzeptieren. Wer ihre Kultur kennt, weiß das. Der Widerstand wird größer und härter. Mehr fremde Soldaten bedeuten eine Stärkung der fundamentalistischen Kräfte. [...]

Was macht die Taliban stark? Es ist der Krieg gegen sie. In Afghanistan werden deutsche Soldaten mittlerweile auch nicht mehr als Samariter in Uniform angesehen. Die Soldaten spüren das. Sie sind bewaffnet, sie sind bedroht, und sie sind sehr nervös. [...]

Es ist nämlich nicht richtig, dass die Bündnisverpflichtungen zwangsläufig dazu führen, dass man militärisch tätig werden muss. Es ist jetzt die zentrale Aufgabe der Politik, eine Exitstrategie zu entwickeln. Die Exitstrategie beginnt für uns mit dem Abzug der Bundeswehr aus Afghanistan. [...] Deutschland sollte sich ausschließlich zivil engagieren. Aufgaben gibt es genug. Der Polizeiaufbau wurde genannt. Dabei hat sich Deutschland wahrlich blamiert. Ein funktionierendes Rechtswesen gibt es in dem Land nicht, aber es wird mit lokalen Kriegsherren zusammengearbeitet, um für eine fragwürdige Stabilität zu sorgen. Das muss aufhören; denn es handelt sich bei den Kriegsherren um Fundamentalisten, die Frauen unterdrücken und die Einhaltung der Menschenrechte nicht gewährleisten. Es sind dieselben Kräfte, die für den Drogenanbau verantwortlich sind. [...]

Angesichts all der zunehmenden Sicherheitsprobleme kann nur gesagt werden: Mehr Militär bedeutet in der Praxis mehr Unsicherheit und mehr Gewalt. [...] Afghanistan braucht dringend einen Friedensprozess und eine politische Konfliktlösung. Die Anrainerstaaten müssen in diesen Friedensplan einbezogen werden. Das sind in unseren Augen Pakistan, Iran, Indien, China und Russland. Es muss – ja, auch das – mit den Taliban geredet werden; aber es darf ihnen auf gar keinen Fall Macht in einer Regierung eingeräumt werden. Afghaninnen und Afghanen wollen nicht von den Taliban terrorisiert werden. Aber sie wissen und sie sagen, dass sie selbst mit ihnen fertig werden müssen. Denn sie haben eines gelernt: Solange der Krieg gegen Terror geführt wird, werden die Taliban, werden die fundamentalistischen Kräfte erstarken. Das widerspricht aller Zivilpolitik, die wir hier im Deutschen Bundestag zu vertreten haben. [...]

Präsident Dr. Norbert Lammert: Nächste Rednerin ist die Kollegin Birgit Homburger von der FDP-Fraktion. [...]

Birgit Homburger (FDP): Herr Präsident! Liebe Kolleginnen und Kollegen!

[...] Wir haben hier und heute viel über den Aufbau gehört. Wir haben gehört, dass der Aufbau Fortschritte macht. Gleichzeitig verschlechtert sich allerdings die Sicherheitslage. Die Gespräche, die ich im Rahmen eines Delegationsbesuchs in der vergangenen Woche in Afghanistan führen konnte, bestärken mich in dem Eindruck, dass der Fortschritt für die Verschärfung der Sicherheitslage ursächlich ist. Die Taliban, die Aufständischen werden dadurch, dass sich die Situation verbessert, geradezu herausgefordert, Widerstand zu leisten. Deswegen steigt die Bedrohung für Polizisten, Entwicklungshelfer, Landarbeiter oder auch Lehrer. [...]

Der Erfolg in Afghanistan ist nicht allein mit immer mehr Militär zu erreichen; aber die militärische Absicherung ist notwendig. Keine Krankenschwester, kein Lehrer, kein Entwicklungshelfer kann auf Dauer ohne sicheres Umfeld arbeiten. Darum brauchen wir die militärische Absicherung nach wie vor. Es gibt viele Beispiele. So wurde zum Beispiel versucht, Straßen zu blockieren. Erst nachdem das Militär die Straßen von den Aufständischen freigeräumt hatte, konnte UNAMA mit dem Wiederaufbau weitermachen. Genau diesen Weg müssen wir weitergehen. Dafür brauchen wir schlicht und ergreifend auch das Militär. Frau Kollegin Knoche, ich komme jetzt einmal auf Sie zu sprechen. Sie haben gesagt, dass Zivilpersonen ums Leben gekommen sind. Das ist in der Tat richtig und bedauerlich. Wir alle haben hier mehrfach deutlich gemacht, dass alles getan werden muss, um Schäden an der Zivilbevölkerung zu vermeiden. Sie aber haben suggeriert, das Militär habe das verursacht. Das stimmt natürlich in keiner Weise. Es sind deutlich mehr Zivilisten durch Selbstmordattentate und Anschläge ums Leben gekommen. Das Militär bedroht die Zivilbevölkerung nicht. Wir alle haben heute ein Schreiben der Gesellschaft für bedrohte Völker erhalten. Ich zitiere: Nun auf halbem Wege die Mission abzubrechen, ist keine glaubwürdige Alternative, da ohne die Schutztruppe die Sicherheit der Zivilbevölkerung nicht gewährleistet ist. Dem schließe ich mich an. [...]

Der Ansatz der vernetzten Sicherheit – diesbezüglich formulieren wir eine deutliche Bitte an die Bundesregierung – ist richtig. Wir haben dieses Thema mehrfach hier besprochen und beschlossen, den Wiederaufbau in den Mittelpunkt zu stellen. Nur, mehr Geld allein reicht nicht. Es mangelt auch nicht an Papieren, sondern, meine Damen und Herren von der Regierung, an der Umsetzung [...].

Deutscher Bundestag – 16. Wahlperiode – 181. Sitzung. Berlin, Dienstag, den 7. Oktober 2008, S. 19305–19315

Abb. 61.1: Abstimmung im Deutschen Bundestag

ARBEITSAUFTRÄGE

1. *Arbeiten Sie die Positionen der Redner heraus und vergleichen Sie diese!*
2. *Überprüfen Sie, ob sich die Redner im Sinne ihrer jeweiligen Partei äußern (vgl. dazu S. 54)!*

4.7 Gesetzgebungsverfahren des Bundes am Beispiel des Parlamentsbeteiligungsgesetzes bei Auslandseinsätzen

M 1 Gesetzgebungskompetenz

Bundesgesetze können nur erlassen werden, soweit dem Bund die ausschließliche oder konkurrierende Gesetzgebungskompetenz zusteht oder der Bund ermächtigt ist, Rahmenvorschriften zu erlassen; sonst verbleibt die Gesetzgebungszuständigkeit bei den Ländern (Art. 70 GG).

Die Gegenstände der Gesetzgebungskompetenzen des Bundes sind im GG ausdrücklich aufgezählt. Im Bereich der in Art. 73 GG aufgelisteten Gegenstände der ausschließlichen Gesetzgebung ist allein der Bund zum Erlass von Gesetzen befugt (besonders: auswärtige Angelegenheiten, Verteidigung, Staatsangehörigkeit, Währung, Postwesen, Telekommunikation); eine Gesetzgebung der Länder setzt hier voraus, dass eine ausdrückliche Ermächtigung durch Bundesgesetz erfolgt ist. (Art. 71 GG).

Gegenstände des weiten Bereichs der konkurrierenden Gesetzgebung (Art. 74 GG) können durch Landesgesetz geregelt werden, solange und soweit der Bund von seiner Gesetzgebungszuständigkeit nicht durch Gesetz Gebrauch gemacht hat. Das Gesetzgebungsrecht des Bundes ist allerdings an die Voraussetzung geknüpft, dass die Herstellung gleichwertiger Lebensverhältnisse im Bundesgebiet oder die Wahrung der Rechts- oder Wirtschaftseinheit im gesamtstaatlichen Interesse eine bundesgesetzliche Regelung erforderlich macht (Art. 72 GG). Die früher in Art. 75 GG verankerte Rahmengesetzgebungskompetenz des Bundes ist im Zuge der Föderalismusreform (2006) abgeschafft worden.

Bundeszentrale für politische Bildung (Hrsg.): Recht A–Z. Fachlexikon für Studium und Beruf, Bonn 2007, S. 212

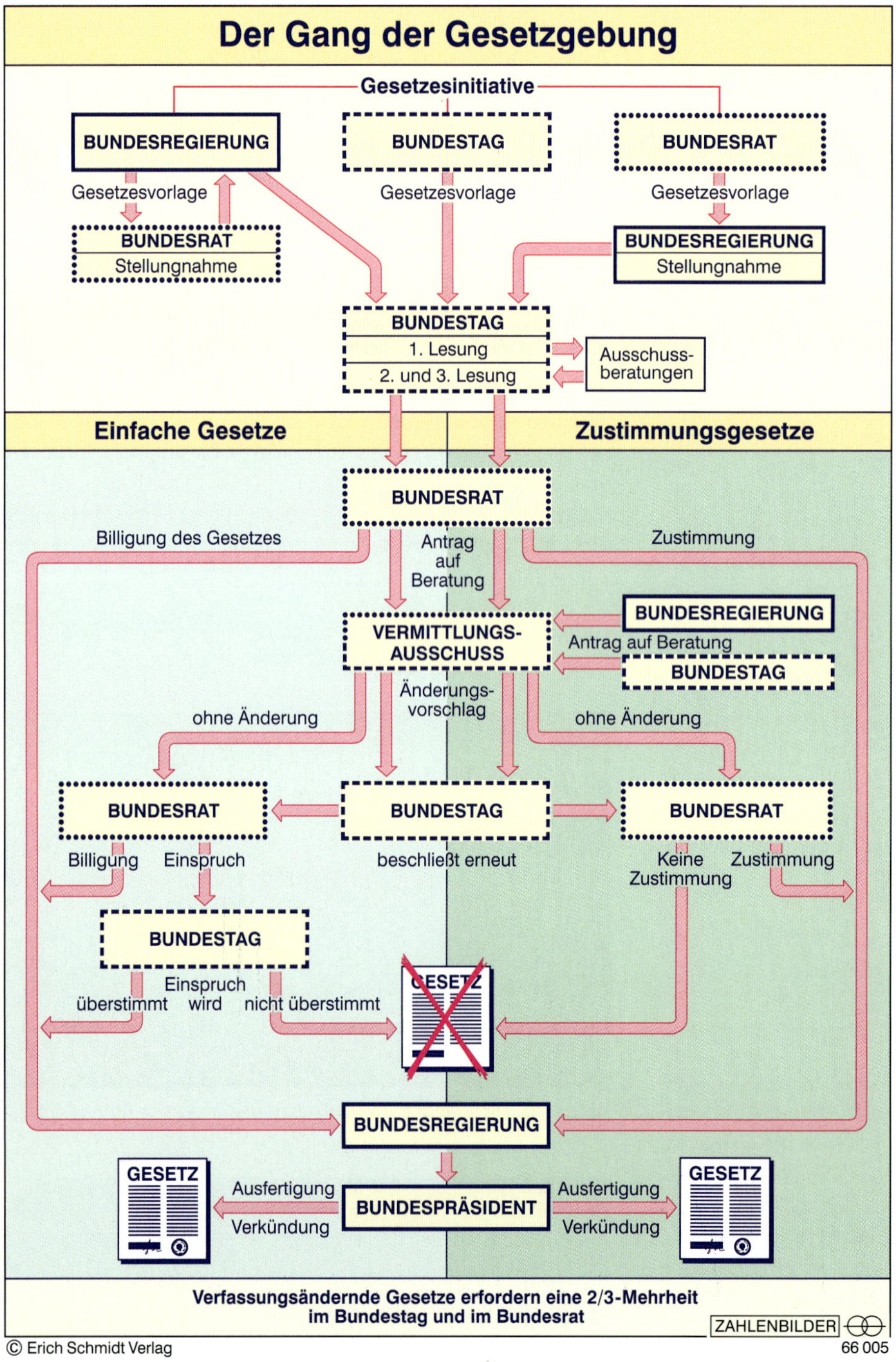

Abb. 62.1: Der Gang der Gesetzgebung

M 2 Gesetz über die parlamentarische Beteiligung bei der Entscheidung über den Einsatz bewaffneter Streitkräfte im Ausland (Parlamentsbeteiligungsgesetz)

§ 1 Grundsatz

(1) Dieses Gesetz regelt Form und Ausmaß der Beteiligung des Bundestages beim Einsatz bewaffneter deutscher Streitkräfte im Ausland. Artikel 115a des Grundgesetzes bleibt davon unberührt.

(2) Der Einsatz bewaffneter deutscher Streitkräfte außerhalb des Geltungsbereichs des Grundgesetzes bedarf der Zustimmung des Bundestages.

§ 2 Begriffsbestimmung

(1) Ein Einsatz bewaffneter Streitkräfte liegt vor, wenn Soldatinnen oder Soldaten der Bundeswehr in bewaffnete Unternehmungen einbezogen sind oder eine Einbeziehung in eine bewaffnete Unternehmung zu erwarten ist.

(2) Vorbereitende Maßnahmen und Planungen sind kein Einsatz im Sinne dieses Gesetzes. Sie bedürfen keiner Zustimmung des Bundestages. Gleiches gilt für humanitäre Hilfsdienste und Hilfsleistungen der Streitkräfte, bei denen Waffen lediglich zum Zweck der Selbstverteidigung mitgeführt werden, wenn nicht zu erwarten ist, dass die Soldatinnen oder Soldaten in bewaffnete Unternehmungen einbezogen werden.

§ 3 Antrag

(1) Die Bundesregierung übersendet dem Bundestag den Antrag auf Zustimmung zum Einsatz der Streitkräfte rechtzeitig vor Beginn des Einsatzes.

(2) Der Antrag der Bundesregierung enthält Angaben insbesondere über

- den Einsatzauftrag,
- das Einsatzgebiet,
- die rechtlichen Grundlagen des Einsatzes,
- die Höchstzahl der einzusetzenden Soldatinnen und Soldaten,
- die Fähigkeiten der einzusetzenden Streitkräfte,
- die geplante Dauer des Einsatzes,
- die voraussichtlichen Kosten und die Finanzierung.

(3) Der Bundestag kann dem Antrag zustimmen oder ihn ablehnen. Änderungen des Antrags sind nicht zulässig.

§ 4 Vereinfachtes Zustimmungsverfahren

(1) Bei Einsätzen von geringer Intensität und Tragweite kann die Zustimmung in einem vereinfachten Verfahren erteilt werden. Die Bundesregierung hat begründet darzulegen, aus welchen Gründen der bevorstehende Einsatz von geringer Intensität und Tragweite ist. Die Präsidentin oder der Präsident des Deutschen Bundestages übermittelt den Antrag an die Vorsitzenden der Fraktionen sowie die Vorsitzenden des Auswärtigen Ausschusses und des Verteidigungsausschusses und je einen von jeder in diesen Ausschüssen vertretenen Fraktionen benannten Vertreter (Obleute) und lässt den Antrag als Bundestagsdrucksache an alle Mitglieder des Bundestages verteilen. Die Zustimmung gilt als erteilt, wenn nicht innerhalb von sieben Tagen nach der Verteilung der Drucksache von einer Fraktion oder fünf vom Hundert der Mitglieder des Bundestages eine Befassung des Bundestages verlangt wird. Wird die Befassung des Bundestages verlangt, entscheidet dieser.

(2) Ein Einsatz ist dann von geringer Intensität und Tragweite, wenn die Zahl der eingesetzten Soldatinnen und Soldaten gering ist, der Einsatz auf Grund der übrigen Begleitumstände erkennbar von geringer Bedeutung ist und es sich nicht um die Beteiligung an einem Krieg handelt.

(3) In der Regel liegt ein Einsatz von geringer Intensität und Tragweite vor, wenn

- es sich um ein Erkundungskommando handelt, das Waffen lediglich zum Zweck der Selbstverteidigung mit sich führt,
- einzelne Soldatinnen oder Soldaten betroffen sind, die aufgrund von Austauschvereinbarungen Dienst in verbündeten Streitkräften leisten, oder
- einzelne Soldatinnen oder Soldaten im Rahmen eines Einsatzes der VN, der NATO, der EU oder einer Organisation, die einen VN-Auftrag erfüllt, verwendet werden.

§ 5 Nachträgliche Zustimmung

(1) Einsätze bei Gefahr im Verzug, die keinen Aufschub dulden, bedürfen keiner vorherigen Zustimmung des Bundestages. Gleiches gilt für Einsätze zur Rettung von Menschen aus besonderen Gefahrenlagen, solange durch die öffentliche Befassung des Bundestages das Leben der zu rettenden Menschen gefährdet würde.

(2) Der Bundestag ist vor Beginn und während des Einsatzes in geeigneter Weise zu unterrichten.

(3) Der Antrag auf Zustimmung zum Einsatz ist unverzüglich nachzuholen. Lehnt der Bundestag den Antrag ab, ist der Einsatz zu beenden.

§ 6 Unterrichtungspflicht

(1) Die Bundesregierung unterrichtet den Bundestag regelmäßig über den Verlauf der Einsätze und über die Entwicklung im Einsatzgebiet.

(2) In Fällen des § 4 Abs. 1 (Vereinfachtes Zustimmungsverfahren) unterrichtet die Bundesregierung die zuständigen Ausschüsse und die Obleute unverzüglich.

§ 7 Verlängerung von Einsätzen

(1) Das Verfahren nach § 4 findet auch Anwendung auf die Verlängerung von Zustimmungsbeschlüssen ohne inhaltliche Änderung. [...]

§ 8 Rückholrecht

Der Bundestag kann die Zustimmung zu einem Einsatz bewaffneter Streitkräfte widerrufen.

Parlamentsbeteiligungsgesetz vom 18. März 2005, in: Bundesgesetzblatt Teil 1 2005, S. 775

ARBEITSAUFTRÄGE

1. *Fassen Sie mit eigenen Worten den Gang der Gesetzgebung zusammen!*
2. *Prüfen Sie mithilfe des Materials, ob es sich beim Parlamentsbeteiligungsgesetz um ein zustimmungspflichtiges Gesetz handelt!*
3. *Stellen Sie mithilfe des Parlamentsbeteiligungsgesetzes fest, welche politischen Voraussetzungen und Rahmendaten für einen Auslandseinsatz der Bundeswehr zwingend vorgeschrieben werden (Beispiel: Truppenstärke)! Inwiefern handelt es sich bei der Bundeswehr um eine „Parlamentsarmee"?*
4. *Nehmen Sie Stellung zur der These, dass demokratisch-zentralistische Staaten die besseren Gesetzgebungsverfahren haben und dadurch auch die besseren Demokratien sind!*

4.8 Der Bundespräsident: Staatsoberhaupt der Bundesrepublik Deutschland

Der → **Parlamentarische Rat**, der 1948/49 eine Verfassung für die Bundesrepublik Deutschland erarbeitete, war der Ansicht, dass in Zukunft das Staatsoberhaupt weniger Macht erhalten sollte, um keinen Gegenpol zum Parlament zu bilden. Die → **Weimarer Reichsverfassung** (WRV) von 1919 sah als Gegengewicht zum Reichstag einen mit Machtfülle ausgestatteten Reichspräsidenten („Ersatzkaiser") vor. Obwohl der Bundespräsident das Staatsoberhaupt der Bundesrepublik Deutschland ist, besitzt er nicht die Funktion eines „Ersatzkaisers". Das mächtigste Staatsorgan ist der Bundestag, der Bundeskanzler bestimmt die Richtlinien der Politik.

M1 Wie wird der Bundespräsident gewählt?

Abb. 64.1: Die Bundesversammlung

M2 Der Bundespräsident – Hüter der Politik?

Der Bundespräsident ist weniger „Hüter der Verfassung" als das Bundesverfassungsgericht, weil er Entscheidungen nur verzögern, aber nicht selbst herbeiführen kann. Wohl aber sollte er der Hüter der Politik sein. Die Macht dazu hat er im gesellschaftlich-repräsentativen wie im formalen Bereich. Zu fragen ist, ob er die Autorität hat. Wie allenthalben gibt ihm das Amt die Macht – und ich halte es für korrekt, hier von der Macht zu sprechen –, während er sich die Autorität selbst erwerben muss. Und dies kann nicht durch Einmischen und das Erteilen von unerbetenen Ratschlägen passieren. Gefordert sind Präsenz, Mitdenken, die Bereitschaft, Streitende an einen Tisch zu bringen, in den Auseinandersetzungen immer wieder die menschliche Würde ins Spiel zu bringen – kurz: Der Bundespräsident hat – oder das Staatsoberhaupt hat in der mittelbaren Demokratie keine gestaltende oder leitende, sondern eine pflegende Aufgabe, und er ist dann nicht überflüssig, wenn er sich als Pfleger eines gesitteten politischen Stils versteht [...]

Das kann nicht in gouvernantenhaft belehrender Weise geschehen, sondern – in aller Vorsicht: – durch den ständigen Versuch, den politischen Alltag zu transzendieren [in andere Lebensbereiche zu übertragen], die strengen und anspruchsvollen Funktionsbezüge zu durchbrechen, um es so den Politikern zu ermöglichen, aus ihrer prägenden Einbindung in vorgegebene Organisationsbedingungen heraus zu menschlicher Begegnung fähig zu werden. Kein Staatsoberhaupt wird auf diesem Wege verhindern, dass Unrecht geschieht und Unanständiges vorkommt. [...]

Er bedarf politischer Erfahrung, muss gesellschaftlich gewandt, gebildet und bescheiden sein und muss den ihm anvertrauten Apparat leiten können. Er muss sich weiter auf beides verstehen: im Stillen zu wirken und öffentlich aufzutreten, d. h. dann auch, in die unmittelbare Begegnung mit anderen hereinzuholen, was öffentlich an Glaubwürdigkeit erworben ist, und umgekehrt vor der Öffentlichkeit sinnvoll eine Politik zu repräsentieren, welcher der Präsident selbst zugehört. Vereinfacht: Der Bundespräsident erfüllt seine Amtspflichten, wenn es eine Ehre und zugleich ein Vergnügen ist, bei ihm zu Gast zu sein; wenn er selten, dann aber gut spricht; wenn er den Eindruck erweckt, es habe einen Sinn, an sein Amt zu schreiben, weil der Brief zumindest an die richtige Stelle weitergeleitet wird; und wenn man glauben kann, dass er liest, was er unterschreibt.

Alle diese Anforderungen besagen auch, dass man das Amt missachtet, wenn man immer wieder meint, ein zur aktiven Politik Berufener könne dieses – politisch gesehen – bescheidene Amt nicht übernehmen. Solche Vorstellungen beruhen auf einer einseitigen Reduzierung von Politik auf Entscheiden, Fortentwicklung, Gestalten, d. h. Machthandhaben. Zur Politik gehören auch die Pflege und die Kunst des Ausgleichs nicht nur von Interessen, auch nicht nur im Sinne des Aushandelns von Kompromissen, sondern durchaus im Sinne persönlicher Vermittlung zwischen Gruppen und Kräften, die sich gegenüberstehen. Das meint nicht konservierende Pflege einer Tradition, zumal in diesem Bereich Tradition vielfach erst entstehen muss. Es meint vielmehr eine Rolle, wie sie etwa der Speaker im englischen Unterhaus spielt, der keine konkreten Entscheidungen herbeiführt, aber dafür sorgt, dass Entscheidungen in bestimmten Formen zustande kommen. Merkmal solcher „Ämter" ist die Zugehörigkeit zur Politik auch ohne Entscheidungsmacht.

Thomas Ellwein: Das Regierungssystem der Bundesrepublik Deutschland, Opladen 1983, S. 334 ff.

M3 Der Bundespräsident: Helfer in der Krise?

Damit ein beschlossenes Gesetz verkündet werden und in Kraft treten kann, bedarf es nach Art. 82 GG der Ausfertigung (Unterzeichnung) durch den Bundespräsidenten. Analog wie bei Beamtenernennungen kann er ein Gesetz aber nur ausfertigen, wenn zuständige Regierungsmitglieder (Bundeskanzler und zuständige Ressortminister) gegenzeichnen. Demgemäß bestimmt sich das präsidentielle Prüfungsrecht bei der Gesetzgebung:

Der Bundespräsident darf den Vollzugsakt der Ausfertigung nicht aus politischen, sondern – nach allgemeiner und praktischer Auffassung – nur aus Rechtsgründen verweigern, wobei sich dieses rechtliche Prüfungsrecht auf

- die formelle Seite, d. h. die verfahrensrechtliche Korrektheit des vorangegangenen Gesetzgebungsverfahrens, und
- die materielle Seite, d. h. die Verfassungskonformität des Gesetzesinhalts,

bezieht. [...]

Der Bundespräsident rückt hier jedoch nicht in die Rolle eines Ersatz-Verfassungsgerichts. Dies würde ihn und seinen relativ kleinen Stab im Bundespräsidialamt bei weitem überfordern. Nur wenn ein Gesetz als Ganzes verfassungsrechtlich unzulässig scheint (was eher nur verfahrensrechtlich wahrscheinlich ist), wird er und soll er es nicht einfach verkünden lassen. Er kann als „Filter" nur gröbste, offenbare Verfassungswidrigkeiten abwehren und dabei primär als ein „Hüter der Verfahrensregeln" fungieren. [...]

Erhebliches Gewicht hingegen gewinnt die präsidentielle Reservefunktion in der Krise, d. h. bei fehlender parlamentarischer Mehrheit. Wählt nämlich der Bundestag nicht mit absoluter, sondern nur relativer Mehrheit einen Bundeskanzler, steht der Bundespräsident vor der Alternative, diesen binnen sieben Tagen zu ernennen, oder den Bundestag zwecks Neuwahlen aufzulösen (Art. 63 Abs. 4 GG). Ähnlich, wenn ein amtierender Bundeskanzler bei einer Vertrauensfrage im Bundestag keine Mehrheit findet und beim Bundespräsidenten dessen Auflösung vorschlägt:Der Bundespräsident kann dann – aber muss nicht! – diesem Vorschlag binnen 21 Tagen folgen, es sei denn, der Bundestag raffte sich auf und wählte nun mit der Mehrheit seiner Mitglieder einen neuen Bundeskanzler (Art. 68 GG). In beiden Fällen hat also der Bundespräsident politisch zu entscheiden, wie der Weg aus der parlamentarischen Krise zu suchen sei: ob nach seiner Einschätzung Neuwahlen wahrscheinlich zur akzeptablen Mehrheitsbildung führen oder man besser bei einer amtierenden Minderheitsregierung bleiben sollte.

Wolfgang Rudzio: Das politische System der Bundesrepublik Deutschland, Opladen 1996, S. 325 f.

M4 Bundespräsident und Reichspräsident im Vergleich

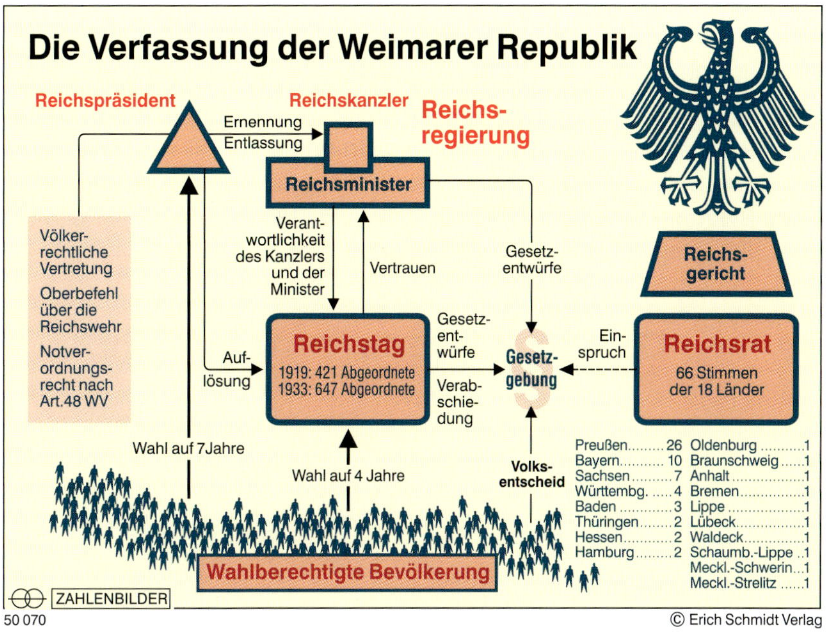

Abb. 65.1: Stellung des Reichspräsidenten in der WRV

Abb. 65.2: Stellung des Bundespräsidenten im GG

ARBEITSAUFTRÄGE

1. *Umreißen Sie konkret die Rolle des Bundespräsidenten bei der Gesetzgebung und bei einer politischen Krise des Parlaments!*
2. *Vergleichen Sie die Stellung des Bundespräsidenten mit der des Reichspräsidenten!*
3. *Überprüfen Sie die Einflussmöglichkeiten des Bundespräsidenten im Verfassungsrecht und in der Verfassungswirklichkeit!*

4.9 Das Bundesverfassungsgericht – „Hüter der Verfassung"

Das Bundesverfassungsgericht (BVerfG) in Karlsruhe wacht über die Einhaltung des Grundgesetzes für die Bundesrepublik Deutschland. Seit seiner Gründung im Jahr 1951 hat das Gericht als ein wichtiges Element des Rechtsstaats dazu beigetragen, der → **freiheitlich-demokratischen Grundordnung** Ansehen und Wirkung zu verschaffen. Das gilt vor allem für die Durchsetzung der Grundrechte.
Zur Beachtung des Grundgesetzes sind alle staatlichen Stellen verpflichtet. Kommt es dabei zum Streit, kann das Bundesverfassungsgericht angerufen werden. Seine Entscheidungen sind unanfechtbar. An seine Rechtsprechung sind alle übrigen Staatsorgane gebunden.

 129 015

Abb. 66.1: Das Bundesverfassungsgericht

Die Arbeit des Bundesverfassungsgerichts hat auch politische Wirkung. Das wird besonders deutlich, wenn das Gericht ein Gesetz für verfassungswidrig erklärt. Das Gericht ist aber kein politisches Organ. Sein Maßstab ist allein das Grundgesetz. Fragen der politischen Zweckmäßigkeit dürfen für das Gericht keine Rolle spielen. Es bestimmt nur den verfassungsrechtlichen Rahmen des politischen Entscheidungsspielraums. Die Begrenzung staatlicher Macht ist ein Kennzeichen des Rechtsstaats.
Das Bundesverfassungsgericht wird nur auf Antrag tätig. Ein Katalog von Verfahrensarten schreibt vor, wann das Gericht angerufen werden kann. Die Einzelheiten sind im Grundgesetz und im „Gesetz über das Bundesverfassungsgericht" geregelt.

M1 Die Zuständigkeiten des Bundesverfassungsgerichts

Verfassungsbeschwerde

Mit einer Verfassungsbeschwerde kann jeder Bürger das Gericht anrufen, der glaubt, durch die öffentliche Gewalt in seinen Grundrechten verletzt worden zu sein [...]. Das kann ein Verwaltungsakt, eine Gerichtsentscheidung oder auch ein Gesetz sein. Seit Gründung des Gerichts im September 1951 sind bis zum Ende 2001 rund 131 000 Verfassungsbeschwerden eingegangen. Die tatsächliche Verletzung von Grundrechten ist seltener, als diese Flut von Beschwerden vermuten lassen könnte. Nur 3 268, das sind 2,5 Prozent aller Verfassungsbeschwerden, waren erfolgreich.

Verfassungsbeschwerde kann erst dann eingelegt werden, wenn der Rechtsweg ausgeschöpft ist, das heißt, wenn zuvor alle Instanzen des zuständigen Gerichts angerufen worden sind. Kammern, die mit je drei Bundesverfassungsrichtern besetzt sind, prüfen jede eingereichte Beschwerde auf ihre Zulässigkeit. Die Kammer kann die Beschwerde einstimmig annehmen oder ohne Begründung ablehnen, wenn sie unzulässig oder aussichtslos ist. Die weit überwiegende Mehrheit der Verfassungsbeschwerden scheitert an dieser Hürde. [...]

Normenkontrolle

Von großer politischer Bedeutung ist die Zuständigkeit des Bundesverfassungsgerichts für die Normenkontrolle. Es kontrolliert, ob ein Gesetz, eine Norm, mit dem Grundgesetz übereinstimmt. Es gibt zwei Arten von Verfahren der Normenkontrolle:

Konkrete Normenkontrolle

Wenn ein Gericht bei der Verhandlung eines konkreten Falles zu der Überzeugung gelangt, dass das anzuwendende Gesetz nicht mit dem Grundgesetz vereinbar ist, muss es das Verfahren unterbrechen und die Entscheidung des Bundesverfassungsgerichtes (bei Landesgesetzen des Landesverfassungsgerichts) einholen.

So haben beispielsweise 1992 mehrere Gerichte das Bundesverfassungsgericht angerufen, weil sie es für verfassungswidrig hielten, den Umgang mit Haschisch, vom Besitz über die Weitergabe bis zum Handel, unter Strafe zu stellen. In seinem viel diskutierten „Haschisch-Urteil" hat das Bundesverfassungsgericht entschieden, dass das einschlägige „Betäubungsmittelgesetz" verfassungsgemäß ist, das Besitz und Handel mit Haschisch verbietet. Lediglich der Eigengebrauch geringer Mengen von Haschisch kann straffrei bleiben. [...]

Abstrakte Normenkontrolle

Auf Antrag der Bundesregierung, einer Landesregierung oder mindestens eines Drittels der Bundestagsabgeordneten prüft das Bundesverfassungsgericht, ob Bundesrecht oder Landesrecht mit dem Grundgesetz übereinstimmt. Das Gericht entscheidet in solchen Verfahren „abstrakt" über die Verfassungsmäßigkeit eines Gesetzes oder eines Vertrages, bevor das Gesetz in einem „konkreten" Fall angewendet worden bzw. der Vertrag rechtsgültig geworden ist.

Hier geht es um Entscheidungen in wichtigen Fragen, oftmals um zentrale politische Kontroversen. In der Regel wird das Gericht von der parlamentarischen Opposition, entweder von der Bundestagsfraktion oder von der Landesregierung gleicher politischer Färbung, gegen Entscheidungen der regierenden Mehrheit angerufen. In anderen Fällen klagt die Bundesregierung gegen eine Landesregierung.

So klagte die sozialdemokratische Opposition 1952/53 erfolglos gegen einen deutschen Verteidigungsbeitrag. Eine Normenkontrollklage der bayerischen Staatsregierung 1973 gegen den Grundlagenvertrag mit der DDR wurde abgewiesen, das Gericht legte aber den Vertrag in wichtigen Punkten einschränkend aus. Gesetze in Hamburg und Schleswig-Holstein, die Ausländern das kommunale Wahlrecht einräumen sollten, wurden 1990 vom Bundesverfassungsgericht für verfassungswidrig und damit für nichtig erklärt. Das Gesetz hat festgestellt, dass nach dem Grundgesetz nur Deutsche ein Wahlrecht auf Bundes-, Länder- und auch auf kommunaler Ebene ausüben können. Wer Staatsangehöriger eines Mitgliedsstaates der Europäischen Union ist, hat jedoch seit dem 1. November 1993 nach dem EU-Vertrag das Recht, sich bei Wohnsitz in einem Mitgliedsstaat an dessen Kommunal- und Europawahlen zu beteiligen.
Normenkontrollverfahren waren auch die Streitigkeiten um das Mitbestimmungsgesetz von 1976, die Kriegsdienstverweigerung, die Abtreibung und das Asylrecht.

Meinungsverschiedenheiten zwischen Verfassungsorganen

Verfassungsstreitigkeiten zwischen Verfassungsorganen sind verhältnismäßig selten. Dabei geht es um Meinungsverschiedenheiten über die Rechte und Pflichten von Bund und Ländern oder um Streitigkeiten zwischen Ländern. Antragsberechtigt sind Bundesregierung oder Landesregierungen.

Horst Pötzsch: Die deutsche Demokratie. Bundeszentrale für politische Bildung (Hrsg.), Bonn 2005, S. 115–117

M2 Auslandseinsatz und Grundgesetz

Artikel 24 GG [Übertragung von Hoheitsrechten auf zwischenstaatliche Einrichtungen]

(1) Der Bund kann durch Gesetz Hoheitsrechte auf zwischenstaatliche Einrichtungen übertragen.
(2) Der Bund kann sich zur Wahrung des Friedens einem System gegenseitiger kollektiver Sicherheit einordnen; er wird hierbei in die Beschränkungen seiner Hoheitsrechte einwilligen, die eine friedliche und dauerhafte Ordnung in Europa und zwischen den Völkern der Welt herbeiführen und sichern.
(3) Zur Regelung zwischenstaatlicher Streitigkeiten wird der Bund Vereinbarungen über eine allgemeine, umfassende, obligatorische, internationale Schiedsgerichtsbarkeit beitreten.

Artikel 26 GG [Verbot der Vorbereitung eines Angriffskrieges]

(1) Handlungen, die geeignet sind und in der Absicht vorgenommen werden, das friedliche Zusammenleben der Völker zu stören, insbesondere die Führung eines Angriffskrieges vorzubereiten, sind verfassungswidrig. Sie sind unter Strafe zu stellen.

M3 Das Urteil des Bundesverfassungsgerichts vom 12. Juli 1994 zu den Auslandseinsätzen

1. Die Ermächtigung des Art. 24 Abs. 2 GG berechtigt den Bund nicht nur zum Eintritt in ein System gegenseitiger kollektiver Sicherheit und zur Einwilligung in damit verbundene Beschränkungen seiner Hoheitsrechte. Sie bietet vielmehr auch die verfassungsrechtliche Grundlage für die Übernahme der mit der Zugehörigkeit zu einem solchen System typischerweise verbundenen Aufgaben und damit auch für eine Verwendung der Bundeswehr zu Einsätzen, die im Rahmen und nach den Regeln dieses Systems stattfinden.
2. Art. 87a GG steht der Anwendung des Art. 24 Abs. 2 GG als verfassungsrechtliche Grundlage für den Einsatz bewaffneter Streitkräfte im Rahmen eines Systems gegenseitiger kollektiver Sicherheit nicht entgegen.
3. a) Das Grundgesetz verpflichtet die Bundesregierung, für einen Einsatz bewaffneter Streitkräfte die grundsätzlich vorherige konstitutive Zustimmung des Deutschen Bundestages einzuholen. [...]
4. Zur Friedenswahrung darf die Bundesrepublik Deutschland gemäß Art. 24 Abs. 2 GG in eine „Beschränkung" ihrer Hoheitsrechte einwilligen, indem sie sich an Entscheidungen einer internationalen Organisation bindet, ohne dieser damit schon im Sinne des Art. 24 Abs. 1 GG Hoheitsrechte zu übertragen.
5. a) Ein System gegenseitiger → **kollektiver Sicherheit** im Sinne des Art. 4 Abs. 2 GG ist dadurch gekennzeichnet, dass es durch ein friedensicherndes Regelwerk und den Aufbau einer eigenen Organisation für jedes Mitglied einen Status völkerrechtlicher Gebundenheit begründet, der wechselseitig zur Wahrung des Friedens verpflichtet und Sicherheit gewährt. Ob das System dabei ausschließlich oder vornehmlich unter den Mitgliedstaaten Frieden garantieren oder bei Angriffen von außen zum kollektiven Beistand verpflichten soll, ist unerheblich.
b) Auch Bündnisse → **kollektiver Selbstverteidigung** können Systeme gegenseitiger kollektiver Sicherheit im Sinne von Art. 24 Abs. 2 GG sein, wenn und soweit sie strikt auf die Friedenswahrung verpflichtet sind.

www.oefre.unibe.ch/law/dfr/bv090286.html, vom 1. November 2007

ARBEITSAUFTRÄGE

1. *Ordnen Sie das Bundesverfassungsgericht in das politische System der Bundesrepublik Deutschland ein und bewerten Sie dessen Stellung!*
2. *Unterscheiden Sie exakt zwischen konkreter und abstrakter Normenkontrolle!*
3. *Stellen Sie mithilfe der Grundgesetzartikel fest, welche Entscheidung das Bundesverfassungsgericht bezüglich der Auslandseinsätze der Bundeswehr gefällt hat!*

4.10 Der Bundesrat: Mitwirkung der Länder

Zwar besitzt der Bundesrat keine direkte Einflussmöglichkeit auf den Auslandseinsatz der Bundeswehr, jedoch ist er wesentlicher Bestandteil der föderalen Ordnung der Bundesrepublik Deutschland und somit in besonderem Maße am politischen Willensbildungsprozess in der Bundesrepublik Deutschland beteiligt.

M1 Zusammensetzung und Funktion des Bundesrates

Die einzelnen Bundesländer im föderalen System (→ **Föderalismus**) sind an der Gesetzgebung und Verwaltung der Bundesrepublik Deutschland beteiligt. Dadurch gehört der Bundesrat zu den fünf Verfassungsorganen und ist kein Länderorgan. Die Zusammensetzung ergibt sich proportional (anteilig) zur Bevölkerung der einzelnen Bundesländer. Länder mit mehr als sieben Millionen Einwohnern haben sechs Stimmen, mit mehr als sechs Millionen Einwohnern fünf Stimmen im Bundesrat. Wer zwischen zwei und sechs Millionen Bürger zählt, besitzt vier Stimmen. Alle Bundesländer unter zwei Millionen Einwohner haben mindestens drei Stimmen. Zurzeit hat der Bundesrat 69 stimmberechtigte Mitglieder, die sich aus Vertretern der jeweiligen Landesregierungen zusammensetzen. Der Bundesratspräsident wird für ein Jahr gewählt. Er beruft die Sitzungen des Bundesrates ein und leitet diese. Der Bundesrat fasst mit der Mehrheit seiner Stimmen (zurzeit 35 von 69) seine Beschlüsse. Stimmenenthaltungen werden wie ein Nein gezählt. Verfassungsändernde Gesetze bedürfen einer Zweidrittelmehrheit (46 von 69 Stimmen). Laut Art. 51 Abs. 2 legt das Grundgesetz fest, dass die Stimmen eines Landes nur einheitlich abgegeben werden können (Einstimmigkeit).

Ingo Langhans, eigener Text

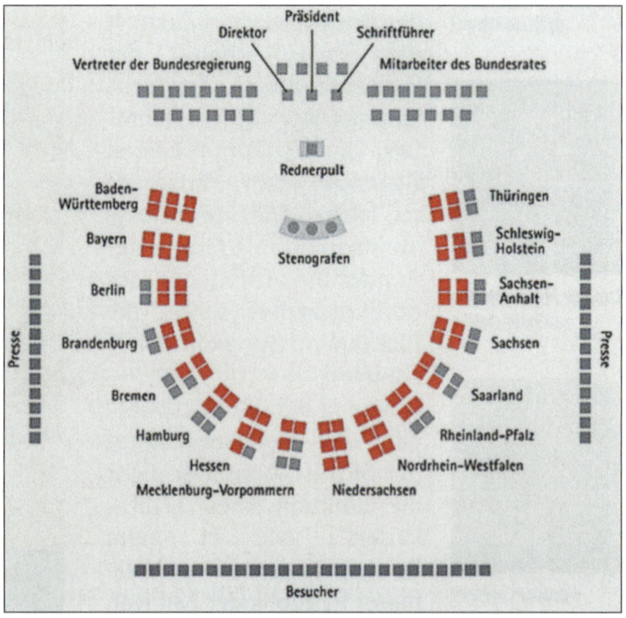

Abb. 68.1: Sitzordnung im Bundesrat

M2 Arbeitsweise und Kompetenzen des Bundesrates

Funktion und Kompetenzen des Bundesrates leiten sich aus dem in Art. 50 GG formulierten Grundsatz her: „Durch den Bundesrat wirken die Länder bei der Gesetzgebung und Verwaltung des Bundes [...] mit." Der Bundesrat ist als Länderkammer das gemeinsame Organ der Länder auf Bundesebene. Er hat in erster Linie die Aufgabe, die Interessen und die Verwaltungserfahrung der Länder in der Gesetzgebung des Bundes zur Geltung zu bringen. Dies bedeutet, dass er auf die Entscheidung von Bundesregierung und Bundestag sowohl kontrollierend als auch korrigierend einwirken kann. [...]

Im Bundesrat sind die einzelnen Länder unterschiedlich stark vertreten [siehe M1]. [...] Die Stimmgewichtung im Bundesrat soll also sicherstellen, dass weder die großen die kleinen Bundesländer majorisieren können noch umgekehrt. Da Mitglieder des Bundesrates kein freies Mandat haben, sondern auf Weisung ihrer Landesregierung handeln, können die Stimmen eines Landes nur geschlossen abgegeben werden. Plenarsitzungen des Bundesrates, die in der Regel alle zwei bis vier Wochen an Freitagen stattfinden [...], sind durch die vorausgehende Ausschussarbeit so gründlich vorbereitet, dass es kaum zu längeren Debatten kommt. Das Plenum des Bundesrates fungiert weitgehend als Ratifikationsorgan. [...] Die Bundesregierung ist verpflichtet, alle vom Kabinett verabschiedeten Gesetzesentwürfe zunächst dem Bundesrat zuzuleiten. Erst dann, nach einer Frist von vier Wochen, gehen sie an den Bundestag weiter (sogenannter 1. Durchgang).

Alle vom Bundestag verabschiedeten Gesetze müssen daraufhin noch einmal den Bundesrat passieren (2. Durchgang). Bei Gesetzen, welche die Interessen der Länder berühren, deren Verwaltungszuständigkeit oder Finanzen, muss der Bundesrat einem Gesetz ausdrücklich zustimmen bzw. kann er dessen Annahme verweigern und damit das Zustandekommen des Gesetzes verhindern. Bei anderen Gesetzen kann er Einspruch erheben. Diesen Einspruch kann der Bundestag mit der absoluten Mehrheit seiner Stimmen zurückweisen.

Kommt es zu keiner Übereinstimmung zwischen Bundesrat und Bundestag, kann jede Seite den Vermittlungsausschuss anrufen, der aus 16 Vertretern des Bundesrates und ebenso vielen Abgeordneten des Bundestages besteht. [...]

Der Hauptgrund für die bedeutsame Stellung des Bundesrates im Gesetzgebungsprozess liegt darin, dass der Bundesrat es verstanden hat, fast alle wichtigen Gesetze von seiner Zustimmung abhängig zu machen, weil diese in der Regel von den Länderverwaltungen durchgeführt werden müssen. [...]

Es liegt auf der Hand, dass der Bundesrat dank seiner starken Stellung im Gesetzgebungsprozess auch zu einem Instrument parteipolitischer Einflussnahme geworden ist. Während nämlich Bundesregierung und Bundestag in der Regel eine einheitliche Linie verfolgen, da die Regierung die Unterstützung der Bundestagsmehrheit hat, kann der Bundesrat die Politik der Regierung konterkarieren oder zumindest korrigieren. [...] [Diese] Möglichkeit liegt besonders dann nahe, wenn die Bundesopposition über die Stimmenmehrheit im Bundesrat verfügt.

Kurt Sontheimer/Wilhelm Bleek: Grundzüge des politischen Systems Deutschlands, München 2002, S. 359 f.

M3 Bundesrat hat sich als Institution bewährt

Bundesrat und Bundesregierung wirken bei der Gesetzgebung in aller Regel ebenso unauffällig wie reibungslos zusammen. Das belegen Zahlen eindrucksvoll: In den letzten vier Jahren sind von den 562 Gesetzen, die der Bundestag beschlossen hat, lediglich 22 an der Ablehnung durch den Bundesrat gescheitert, also nicht einmal 4 %. Bei den Verordnungen sind es sogar weniger als 1 %. Darin, dass es bei einzelnen Gesetzgebungsvorhaben nicht zum Konsens oder Kompromiss gekommen ist, vermag ich beim besten Willen kein Versagen der Institution Bundesrat und schon gar kein Versagen des Föderalismus zu erkennen. Im Gegenteil: Hier wird praktiziert, was im Grundgesetz angelegt ist. Bundestag und Bundesrat sollen im Gesetzgebungsverfahren zu einem fairen Interessenausgleich kommen. Der kann im Einzelfall durchaus darin bestehen, dass der Bundesrat ein Vorhaben des Bundestages insgesamt ablehnt. Die Kritiker, die in diesem Zusammenhang von Blockade reden, übersehen, dass die gelegentliche Unvereinbarkeit der Standpunkte die natürliche Folge ganz unterschiedlicher Interessen ist. Selbstverständlich haben die Länder beispielsweise bei der so genannten Großen Steuerreform [Steuerreform der Regierung Kohl, von der SPD-Mehrheit der Länder im Bundesrat abgelehnt] über den Bundesrat ihre Möglichkeit genutzt, Widerstand gegen solche Maßnahmen zu entwickeln, die für ihre eigenen Haushalte und damit für ihre Aufgabenwahrnehmung schlicht nicht hinnehmbar erscheinen.

Ansprache des damaligen Präsidenten des Bundesrates und Ministerpräsidenten von Niedersachsen Gerhard Schröder anlässlich des Festakts „50 Jahre Parlamentarischer Rat" am 1. September 1998 im Museum Koenig, Bonn

M4 Der Bundesrat als Blockadeorgan

Der Bundesrat – als Gremium der Wahrung von Länderinteressen auf Bundesebene geschaffen – hat sich immer stärker zu einem Instrument der Durchsetzung von Parteiinteressen gegen die Mehrheitsparteien im Bundestag entwickelt, was ihm den Vorwurf eines „Blockade-Organs" eingetragen hat. Konrad Adenauer hatte auf dem Parteitag der CDU 1956 noch seine ursprüngliche Überzeugung bekräftigt, dass eine Durchsetzung von Länderinteressen unabhängig von Parteiinteressen möglich ist, obwohl ihm augenscheinlich schon Zweifel wuchsen, als er argumentierte: „Als wir im Parlamentarischen Rat das Grundgesetz schufen [...], haben wir nicht geglaubt, dass die Länder im Bundesrat Parteipolitik treiben. Damals waren wir noch in der Illusion gefangen, die Länderregierungen würden sich loslösen von dem Kampf der Parteien, und wir nahmen an, dass nicht dieselben Parteivorstände oder Fraktionsvorstände, die im Bundestag ihren Einfluss ausüben, dies nun auch im Bundesrat tun würden".

Faktisch können wir aber eine Fortsetzung der parteistaatlich organisierten Interessenvertretung auch im Bundesrat beobachten, wobei sich sowohl die Frage nach der Rechtmäßigkeit der Durchbrechung des förderalen Strukturelementes durch ein parteipolitisches stellt, als auch diejenige nach der Effizienz einer entsprechenden Interessenartikulation für die Länder.

Irene Gerlach: Bundesrepublik Deutschland. Entwicklung, Strukturen und Akteure eines politischen Systems, Leske + Budrich, Opladen 1999, S. 214 f.

M5 Zuwanderungsgesetz: Wurde die Verfassung im Bundesrat gebrochen?

Das lange diskutierte Zuwanderungsgesetz kam am 22. März 2002 im Bundesrat zur Abstimmung. Die vier Stimmen Brandenburgs, das von einer „Großen Koalition" aus SPD/CDU regiert wurde, waren für die erforderliche Bundesratsmehrheit von 35 Stimmen unbedingt notwendig.

Präsident Klaus Wowereit: Weitere Wortmeldungen liegen nicht vor. [...] Wir kommen dann zur Frage der Zustimmung. [...] Ich bitte den Schriftführer, die Länder aufzurufen.

Dr. Manfred Weiß (Bayern), Schriftführer: Baden-Württemberg Enthaltung, Bayern Nein, Berlin Ja, Brandenburg

Alwin Ziel (Sozialminister Brandenburg, SPD): Ja!

Jörg Schönbohm (Innenminister Brandenburg, CDU): Nein!

Präsident Klaus Wowereit: Damit stelle ich fest, dass das Land Brandenburg nicht einheitlich abgestimmt hat. Ich verweise auf Artikel 51 Absatz 3 Satz 2 Grundgesetz. Danach können Stimmen eines Landes nur einheitlich abgegeben werden. Ich frage Herrn Ministerpräsidenten Stolpe, wie das Land Brandenburg abstimmt.

Dr. h. c. Manfred Stolpe (Ministerpräsident Brandenburg, SPD): Als Ministerpräsident des Landes Brandenburg erkläre ich hiermit Ja.

Jörg Schönbohm (Brandenburg): Sie kennen meine Auffassung, Herr Präsident!

Präsident Klaus Wowereit: Damit stelle ich fest, dass das Land Brandenburg mit Ja abgestimmt hat.

Peter Müller (Ministerpräsident Saarland, CDU): Das ist unmöglich! – [...] – Weitere Zurufe: Verfassungsbruch! [...]

zitiert nach: Bundesrat Stenografischer Bericht 774. Sitzung, Berlin 22. März 2002, S. 171–173 (vom Verfasser gekürzt)

ARBEITSAUFTRÄGE

1. Beschreiben Sie die politischen Funktionen und Kompetenzen des Bundesrates auf Bundesebene!

2. Welche Probleme ergeben sich, wenn die Regierungsparteien zwar im Bundestag, aber nicht im Bundesrat die Mehrheit haben?

3. Demokratische Notwendigkeit oder politisches Blockadeorgan der Länder? Erörtern Sie die Notwendigkeit des Bundesrates im politischen System der Bundesrepublik Deutschland!

4. Entscheiden Sie begründet, ob die Abstimmung zum Zuwanderungsgesetz im Bundesrat (M 5) verfassungswidrig oder verfassungskonform war!

Glossar

Abschreckung bedeutet, den Gegner von einer militärischen Aktion abzuhalten, indem man für ihn die Risiken und Kosten des Angriffs größer macht, als es der erwartete Gewinn wäre. Somit beruht das Konzept der Abschreckung auf der Furcht des potenziellen Aggressors vor den Schäden und Verlusten, die ihm ein Krieg bringen würde. Krieg soll zu einem unkalkulierbaren Risiko werden. Das Abschreckungskonzept unterstellt rational handelnde Akteure. „Abschreckung verlangt Macht, Bereitschaft, sie zu nutzen, und auf Seiten der Gegner das Bewusstsein, dass beides auf der anderen Seite vorhanden ist." (Henry Kissinger) (siehe Seite 7)

Ära Adenauer bezeichnet die Regierungszeit des ersten Bundeskanzlers der Bundesrepublik Deutschland, Dr. Konrad Adenauer (CDU), von 1949 bis 1963. (siehe Seite 55)

asymmetrischer Krieg: ein Krieg zwischen ungleichen Gegnern. Hochgerüsteten Militärapparaten, die nach dem Prinzip von Befehl und Gehorsam organisiert sind und zumeist in Großverbänden operieren, stehen nicht-staatliche, paramilitärische, oft im Untergrund tätige oder Guerillataktiken anwendende Gruppen gegenüber. Sie scheuen die offene Feldschlacht. Sie bedienen sich terroristischer Attentate, um Angst und Schrecken zu verbreiten und so ein Klima politischer, ökonomischer und sozialer Instabilität zu erzeugen. (siehe Seite 5)

Brutkastenlüge: Vor einem Ausschuss des US-Kongresses berichtete eine Kuwaiterin, wie irakische Soldaten beim Einmarsch in Kuwait 1990 in einem Krankenhaus angeblich frühgeborene Babys aus Brutkästen rissen und auf dem Boden liegen ließen. Die Aussagen stellten sich als Erfindung einer PR-Agentur im Auftrag der Organisation Citizens for a free Kuwait heraus. (siehe Seite 29)

Cyberterrorismus ist eine spezielle Form des Terrorismus, der mithilfe von Internet-Technologien Angriffe auf Computersysteme verübt. (siehe Seite 8)

Desertifikation bezeichnet das Vordringen der Wüste bzw. die Degradation (Verschlechterung) vormals fruchtbarer Böden in ariden und semiariden Gebieten der Erde, z.B. in der Sahelzone südlich der Sahara. (siehe Seite 8)

Diktatur bezeichnet eine Herrschaftsform, bei der die staatliche Macht in den Händen einer Einzelperson oder -gruppe liegt und demokratische Rechte abgeschafft worden sind. (siehe Seite 8)

El Kaida (arabisch: „die Basis"): Terrornetzwerk islamistischer Terroristen, die seit den 1990er Jahren weltweit Anschläge verüben. (siehe Seiten 18, 47)

Embargo bezeichnet die Blockade des Im- und Exports eines Landes (Handelsembargo). Ein Sonderfall ist z.B. ein Waffenembargo; in diesem Fall wird die Ein- und Ausfuhr von Waffen in bzw. aus einem Land unterbunden. Ein Embargo wird gelegentlich als Wirtschaftssanktion vom Sicherheitsrat der Vereinten Nationen als Strafmaßnahme gegen Länder verhängt, die die internationale Sicherheit bedrohen. Die Wirksamkeit von Wirtschaftssanktionen ist jedoch begrenzt, denn sie können durch verschiedene Formen des Schmuggels umgangen werden und treffen, wenn sie überhaupt international durchgesetzt werden können, weniger die Entscheidungsträger des betreffenden Landes als vielmehr unschuldige Zivilisten (Nahrungsmittelknappheit, medizinische Versorgungsengpässe usw.). (siehe Seite 4)

embedded journalism (wörtlich: „eingebetteter Journalismus") meint die Kriegsberichterstattung, bei der zivile Journalisten die kämpfende Truppe offiziell begleiten, dabei jedoch an bestimmte Auflagen (Zensur) gebunden sind. (siehe Seite 28)

Enduring Freedom bezeichnet eine Antiterroroperation in Afghanistan und dem Horn von Afrika, die im Rahmen des Bündnisfalls der NATO aufgrund der Anschläge vom 11. September 2001 mit deutscher Beteiligung durchgeführt wird. (siehe Seite 47)

erweiterter (vernetzter) Sicherheitsbegriff: umfasst neben der reinen militärischen Sicherheitspolitik auch die Bedeutung der Umwelt- und Entwicklungspolitik für die internationale Sicherheit. Der erweiterte Sicherheitsbegriff knüpft bei den Ursachen für Konflikte und Sicherheitsgefährdungen an, die u.a. in der internationalen sozialen Ungleichheit (Unterentwicklung) sowie in Umweltproblemen gesehen werden (Migration infolge von Nahrungs- und Trinkwassermangel, Vordringen der Wüste, Klimawandel usw.). (siehe Seiten 6, 32)

Europäische Union (EU) ist die Bezeichnung der ursprünglichen Europäischen Gemeinschaft (EG) seit dem In-Kraft-Treten des Vertrags von Maastricht am 01.01.1993. Zurzeit umfasst die Europäische Union 27 Mitgliedsstaaten. Kennzeichen der EU sind → **multilaterale** Verträge in verschiedenen Politikfeldern, die mithilfe → **supranationaler** Organe umgesetzt werden. (siehe Seiten 44, 48)

Föderalismus (lateinisch: foedus = der Bund) bezeichnet den Zusammenschluss von meistens selbstständigen Gebieten zu einem Bund. Den Zusammenschluss von Staaten oder Ländern nennt man Bundesstaat. Dabei werden häufig von den einzelnen Bundesstaaten einzelne Rechte auf den Bund übertragen, z.B. die Bildung einer Bundesregierung oder die Aufstellung von Streitkräften. (siehe Seite 68)

Freiheitlich-demokratische Grundordnung ist die Bezeichnung für die wichtigsten und unantastbaren Grundwerte der Bundesrepublik Deutschland. Diese umfassen Grund- und Menschenrechte, Volkssouveränität, Gewaltenteilung, Verantwortlichkeit der Regierung, Gesetzmäßigkeit der Verwaltung, Unabhängigkeit der Gerichte, Mehrparteienprinzip, Chancengleichheit der Parteien und das Recht auf Opposition. (siehe Seite 66)

Genfer Konventionen sind wichtige Bestandteile des Völkerrechts. Sie enthalten Regelungen über die Behandlung von 1.) verwundeten und kranken Soldaten, 2.) verwundeten, kranken oder schiffbrüchigen Matrosen der Kriegsmarine, 3.) Kriegsgefangenen und 4.) der Zivilpersonen in Kriegszeiten. Zu den Genfer Konventionen wird oft auch die am 28.7.1951 in Genf abgeschlossene Flüchtlingskonvention gezählt, welche die Rechtsstellung von Flüchtlingen regelt. Sie enthält u.a. das Verbot der Ausweisung von Flüchtlingen in Länder, in denen ihr Leben oder ihre Freiheit wegen ihrer Rasse, ihrer Religion oder ihrer politischen Überzeugung gefährdet ist. (siehe Seite 27)

Gesetzgebungsnotstand beschreibt der Artikel 81 GG. Besitzt ein Bundeskanzler nicht mehr die Mehrheit des Bundestages und löst der Bundespräsident den Bundestag nicht auf (z. B. wegen eines Krisenzustands des Staates), kann auf Antrag der Bundesregierung der Bundespräsident mit Zustimmung des Bundesrates den Gesetzgebungsnotstand erklären. Dieses geht allerdings nur, wenn zuvor eine „dringliche" Gesetzesvorlage der Bundesregierung vom Bundestag abgelehnt wurde. Nach der Erklärung des Gesetzgebungsnotstands kann die Bundesregierung sechs Monate ohne Zustimmung des Bundestages Gesetzesvorlagen umsetzen. (siehe Seite 59)

Haager Landkriegsordnung: legt seit 1907 bestimmte „Regeln" der Kriegsführung fest. Sie enthält für den Kriegsfall Festlegungen zur Definition von Kombattanten, zum Umgang mit Kriegsgefangenen, zu Beschränkungen bei der Wahl der Waffen (u. a. Verbot von „Dumdumgeschossen", die im Körper aufsplittern und besonders schmerzhafte Verletzungen verursachen), zur Verschonung bestimmter Gebäude und Einrichtungen von sozialer und gesellschaftlicher Bedeutung (Kirchen, Hospitäler usw.), zum Umgang mit Spionen, für Kapitulationen und Waffenstillstandsvereinbarungen sowie zum Verhalten einer Besatzungsmacht in einem besetzten Territorium. Zum Umgang mit verletzten und erkrankten Soldaten verweist die Haager Landkriegsordnung auf die → **Genfer Konventionen**. (siehe Seite 27)

Harmel Bericht, benannt nach dem belgischen Außenminister Pierre Harmel: strategisch-politisches Konzept der NATO, u. a. die Strategie der Flexible Response, das bis 1991 Gültigkeit besaß. (siehe Seite 43)

Immunität gilt für die Abgeordneten des Bundestages. Nur mit Genehmigung des Bundestages darf ein Abgeordneter verhaftet werden. Auch jede andere Einschränkung der persönlichen Freiheit kann nur mit seinem Einverständnis erfolgen. Der Zweck ist der Schutz der Abgeordneten, damit diese ihren Aufgaben nachgehen können. (siehe Seite 58)

Indemnität bedeutet, dass kein Abgeordneter zu keiner Zeit für eine Aussage im Bundestag und in den Ausschüssen oder für sein Verhalten bei einer Abstimmung bestraft werden kann. Ausnahme sind verleumderische Beleidigungen. Indemnität gilt nur für die Länge des Mandats. (siehe Seite 58)

intergouvernemental bezeichnet die Zusammenarbeit „zwischen den Regierungen". Für eine Entscheidung ist prinzipiell eine Einstimmigkeit erforderlich. (siehe Seite 36)

Kalter Krieg bezeichnet den nach 1945 im Rahmen der Ost-West-Auseinandersetzung auf ideologischer und ökonomischer Ebene ausgetragenen globalen Machtkampf der Systeme unterhalb der Schwelle direkter militärischer Konfrontation. Die Möglichkeit wechselseitiger Vernichtung durch Atomwaffen blockierte die offene militärische Auseinandersetzung (→ **Abschreckung**). Der Konflikt kam aber in Form von Stellvertreterkriegen in Ländern außerhalb Mitteleuropas zum Ausdruck (z. B. Angola, Nicaragua, Afghanistan). (siehe Seiten 5, 41)

Kanzlerdemokratie beschreibt die herausgehobene, verfassungsmäßige Stellung eines Kanzlers und seiner Persönlichkeit in einem politischen System. Die Bundesrepublik Deutschland wird häufig als Kanzlerdemokratie bezeichnet. (siehe Seite 55)

Koalitionsregierung ist das Bündnis zweier oder mehrerer Fraktionen in einem Parlament, um die Regierung in einem Land zu übernehmen. (siehe Seite 55)

kollektive Selbstverteidigung beschreibt vornehmlich friedenssichernde Vertragsbündnisse (z. B. NATO), die durch die militärische Komponente gekennzeichnet sind. Gegenseitige Hilfestellung, Abschreckung oder ein (militärisches) Gleichgewicht sollen den Frieden sichern. (siehe Seiten 43, 67)

kollektive Sicherheit umfasst politische Strukturen zur Friedenssicherung. Diese universalen (z. B. UNO) oder regionalen (OSZE) Strukturen sollen ihren Mitgliedsstaaten Schutz vor Aggression bieten. (siehe Seiten 39, 43, 67)

konventioneller Krieg ist eine Anwendung militärischer Macht, die unter Einsatz konventioneller Waffen – also nicht atomarer, biologischer und chemischer Massenvernichtungswaffen – geführt wird. (siehe Seite 5)

Laizismus bezeichnet die Trennung von Staat und Religion. Damit zusammenhängend spricht man von Säkularisierung, wenn die religiösen Würdenträger und Institutionen ihre weltliche Macht verlieren (Verlust an wirtschaftlichem und politischem Einfluss). (siehe Seite 15)

Low Intensity Conflict und Low Intensity War sind Erscheinungsformen des Krieges. Sie bezeichnen asymmetrische Konflikte bzw. Kriege, die mit stark schwankender Intensität ausgetragen werden: Phasen relativer Ruhe wechseln sich ab mit Scharmützeln, blutigen Terroranschlägen, überraschenden Angriffen oder auch Überfällen auf die Zivilbevölkerung. Der Low Intensity War ist kennzeichnend für die Aktivitäten von privaten Kriegsherren (war lords), die mit der Fortführung eines Krieges ökonomische Interessen verbinden. War lords haben kein Interesse am Ende eines Krieges und tragen daher in friedlicheren Phasen zur Reeskalation des Krieges bei. Akteure in Low Intensity Wars sind – neben den war lords – Terrorgruppen oder Guerillaverbände, die gegen einen sehr viel mächtigeren, oft staatlichen Gegner kämpfen. Die Finanzierung von Low Intensity Wars beruht oftmals auf organisierter Kriminalität. (siehe Seite 26)

multilateral: die gleichberechtigte Kooperation mehrerer Staaten oder Organisationen; Multilateralität entsteht durch gemeinsame Verträge oder Regelungen und werden in der Regel auf diplomatischem Weg erreicht. (siehe Seite 36)

Neophilie meint in der Kommunikations- und Medienwissenschaft die Tendenz der Medien, das Neue, das Ungewöhnliche, das von der Norm Abweichende in den Vordergrund zu stellen. Kritiker sehen darin die Gefahr, dass die Realität in den Medien verzerrt dargestellt wird, nämlich zu dynamisch und zu negativ. (siehe Seite 51)

Ölkrise: starke Preissteigerung am Rohölmarkt, oftmals ausgelöst durch Angebotsverknappung, politische Unsicherheit oder Spekulation. Die erste größere Ölkrise 1973 wurde durch den Beschluss der (überwiegend arabischen) → **OPEC**-Staaten ausgelöst, als Reaktion auf den israelisch-arabischen Krieg (Yom-Kippur-Krieg) die Ölfördermengen zu reduzieren. Der dadurch ausgelöste Preisanstieg sollte die USA und die westlichen Länder dazu bewegen, die Unterstützung Israels einzustellen. Dieses Ziel erreichten die OPEC-Staaten nicht; durch den außerordentlich starken Ölpreisanstieg wurde jedoch die Abhängigkeit der Industrieländer von den Rohstofflieferungen der Entwicklungsländer deutlich. Um Öl und Benzin zu sparen, verordnete die Bundesregierung 1973 u.a. autofreie Sonntage. (siehe Seite 9)

OPEC (Organization of the Petroleum Exporting Countries = Organisation erdölexportierender Länder) mit Sitz in Wien; Mitgliedsländer sind Iran, Irak, Kuwait, Saudi-Arabien, Venezuela, Katar, Indonesien, Libyen, die Vereinigten Arabischen Emirate, Algerien, Nigeria und Ecuador. Die OPEC-Mitgliedstaaten fördern etwa 40% der weltweiten Erdölproduktion und verfügen über drei Viertel der weltweiten Erdölreserven. Ziel der OPEC ist es, als Rohstoffkartell die Fördermengen aufeinander abzustimmen, um einen Preisverfall am Rohölmarkt zu verhindern. (siehe Seite 9)

Parlamentarischer Rat: tagte von September 1948 bis Mai 1949 unter dem Vorsitz von Dr. Konrad Adenauer. Die 65 Mitglieder erarbeiteten im Auftrag der Westalliierten (USA, Großbritannien und Frankreich) eine demokratische Verfassung für Westdeutschland, das Grundgesetz. (siehe Seite 64)

ratifizieren/Ratifizierung: Ein von Regierungen ausgehandelter völkerrechtlicher Vertrag wird erst wirksam, wenn zuvor die Parlamente ihre Zustimmung gegeben haben und das Staatsoberhaupt den Vertrag mit seiner Unterschrift bestätigt (= ratifiziert) hat. (siehe Seiten 35, 40, 44)

Reichskanzler war in der →**Weimarer Republik** der Leiter der Reichsregierung. Er war dem →**Reichstag** verantwortlich und wurde vom Reichspräsidenten ernannt und entlassen. (siehe Seite 59)

Reichstag war die Bezeichnung des deutschen Parlaments zwischen 1871 und 1945. Das Reichstagsgebäude in Berlin ist heute Sitz des Deutschen Bundestages. (siehe Seite 59)

Scharia ist die Bezeichnung für das islamische Recht, das unter anderem im Koran beschriebene Körperstrafen für bestimmte Straftaten vorsieht. (siehe Seite 15)

Sezession: die Loslösung einzelner Landesteile aus einem bestehenden Staat mit dem Ziel, einen neuen, souveränen Staat zu bilden. (siehe Seite 14)

Sozialstruktur bezeichnet alle Teile einer Gesellschaft sowie ihre jeweiligen Wechselbeziehungen und Wirkungszusammenhänge. Strukturmerkmale zur Analyse einer Gesellschaft können Klasse, Schicht, Einkommen, Alter, Geschlecht, Bildung, politische oder soziale Sicherheitssysteme sein. (siehe Seite 52)

supranational bezeichnet im Gegensatz zu →**intergouvernemental** die Schaffung von übergeordneten Organen, an die die Mitgliedsstaaten ausgesuchte Souveränitätsrechte freiwillig abtreten. Bei einer supranational ausgerichteten Organisation herrscht in aller Regel das Mehrheitsprinzip. (siehe Seite 36)

Taliban-Regime: islamistische Fundamentalisten, die zwischen der Mitte der 1990er Jahre und 2001 ca. drei Viertel Afghanistans kontrollierten. Seitdem leisten die Taliban gegen die ISAF, NATO, UNO und zivile Organisationen vor allem im Süden des Landes gewaltsamen Widerstand und sind nicht bereit, die gewählte Regierung Afghanistans anzuerkennen. (siehe Seiten 9, 47)

Totaler Krieg: Ein vom preußischen General Erich Ludendorff im Ersten Weltkrieg erdachtes Konzept der Kriegsführung, das den Einbezug der gesamten geistigen, materiellen und personellen Ressourcen eines Volkes im Krieg gegen seine Gegner vorsah. Der Krieg spielte sich somit nicht mehr allein an der Front, sondern ebenso im Heimatland ab. Er beschränkte sich nicht mehr auf die direkt Krieg führenden Armeen, sondern mobilisierte sämtliche Teile der Bevölkerung. (siehe Seite 5)

UN-Charta vom 26. Juni 1945, auch als Charta der Vereinten Nationen bezeichnet, beinhaltet die völkerrechtlichen Grundsätze der →**UNO**. (siehe Seite 38)

unilateral: „einseitig" im Sinne des politischen oder diplomatischen Handels gegenüber anderen Staaten und Organisationen. (siehe Seite 36)

UNO/UN (United Nations Organization): umfasst heute 192 Nationen und ist die größte aller existierenden internationalen Organisationen. Ziele sind u.a. der Weltfrieden und die Umsetzung des internationalen Völkerrechts. (siehe Seite 38)

Vatikan (offiziell „Vatikanstadt"): Amtssitz des Papstes (Oberhaupt der römisch-katholischen Kirche und Bischof von Rom); seit 1929 souveräner Staat. (siehe Seite 38)

Vetorecht (lat.: veto = ich verbiete) ist das Recht, mit einem Einspruch den Mehrheitsbeschluss eines Gremiums oder Entscheidungsorgans zu blockieren. (siehe Seite 38)

Völkerbund: wurde 1920 auf Anregung des amerikanischen Präsidenten Woodrow Wilson gegründet und 1946 nach Gründung der →**UNO** aufgelöst. Nach dem Ersten Weltkrieg sollte eine internationale Organisation zur Sicherung des Weltfriedens geschaffen werden. Der Völkerbund scheiterte, da jedes Land ein →**Vetorecht** besaß und die USA kein Mitglied war. (siehe Seite 38)

Warschauer Pakt (Warschauer Vertragsorganisation) bezeichnete das 1955 gegründete Militärbündnis der sozialistischen Staaten Osteuropas unter der Führung der UdSSR (Auflösung 1991). (siehe Seite 41)

Weimarer Reichsverfassung war die Verfassung der →**Weimarer Republik**. Sie trat 1919 in Kraft und war trotz der nationalsozialistischen Herrschaft von 1933 bis 1945 (jedoch ohne bindende Wirkung) gültig. (siehe Seite 64)

Weimarer Republik umfasst die Zeit der ersten deutschen Republik von 1918 bis 1933. Da in Weimar die erste deutsche parlamentarisch-demokratische Verfassung verabschiedet wurde, erhielt Deutschland im historisch-politischen Zusammenhang diesen Namen. Offizielle Länderbezeichnung war aber weiterhin „Deutsches Reich". (siehe Seite 59)

WEU (Westeuropäische Union): 1955 als Erweiterung des Brüsseler Pakts (1948) als kollektiver Beistandspakt gegründet. Mitglieder sind Frankreich, Großbritannien, Belgien, die Niederlande, Luxemburg, die Bundesrepublik Deutschland und Italien. (siehe Seite 45)